Robotik in der Logistik

Lizenz zum Wissen.

Sichern Sie sich umfassendes Wirtschaftswissen mit Sofortzugriff auf tausende Fachbücher und Fachzeitschriften aus den Bereichen: Management, Finance & Controlling, Business IT, Marketing, Public Relations, Vertrieb und Banking.

Exklusiv für Leser von Springer-Fachbüchern: Testen Sie Springer für Professionals 30 Tage unverbindlich. Nutzen Sie dazu im Bestellverlauf Ihren persönlichen Aktionscode C0005407 auf *www.springerprofessional.de/buchkunden/*

Springer für Professionals.
Digitale Fachbibliothek. Themen-Scout. Knowledge-Manager.

- Zugriff auf tausende von Fachbüchern und Fachzeitschriften
- Selektion, Komprimierung und Verknüpfung relevanter Themen durch Fachredaktionen
- Tools zur persönlichen Wissensorganisation und Vernetzung

www.entschieden-intelligenter.de

Springer für Professionals

Frank Molzow-Voit · Moritz Quandt
Michael Freitag · Georg Spöttl
(Hrsg.)

Robotik in der Logistik

Qualifizierung für Fachkräfte und Entscheider

Herausgeber

Frank Molzow-Voit
Universität Bremen
Bremen
Deutschland

Moritz Quandt
Universität Bremen
Bremen
Deutschland

Michael Freitag
Universität Bremen
Bremen
Deutschland

Georg Spöttl
Universität Bremen
Bremen
Deutschland

Dieser Sammelband entstand im Rahmen des Projekts „Robotik in der Logistik – zielgruppenspezifische Weiterbildung für Fachkräfte und EntscheidungsträgerInnen (RobidLOG)", das mit Mitteln des Europäischen Sozialfonds (ESF) im Rahmen des „Beschäftigungspolitischen Aktionsprogramms für Bremen und Bremerhaven gefördert wurde (weitere Informationen zum Projekt: http://www.robotik-weiterbildung.de/projekte/robotik-in-der-logistik/).

ISBN 978-3-658-08574-2   ISBN 978-3-658-08575-9 (eBook)
DOI 10.1007/978-3-658-08575-9

Die Deutsche Nationalbibliothek verzeichnet diese Publikation in der Deutschen Nationalbibliografie; detaillierte bibliografische Daten sind im Internet über http://dnb.d-nb.de abrufbar.

Springer Gabler
© Springer Fachmedien Wiesbaden 2016
Das Werk einschließlich aller seiner Teile ist urheberrechtlich geschützt. Jede Verwertung, die nicht ausdrücklich vom Urheberrechtsgesetz zugelassen ist, bedarf der vorherigen Zustimmung des Verlags. Das gilt insbesondere für Vervielfältigungen, Bearbeitungen, Übersetzungen, Mikroverfilmungen und die Einspeicherung und Verarbeitung in elektronischen Systemen.
Die Wiedergabe von Gebrauchsnamen, Handelsnamen, Warenbezeichnungen usw. in diesem Werk berechtigt auch ohne besondere Kennzeichnung nicht zu der Annahme, dass solche Namen im Sinne der Warenzeichen- und Markenschutz-Gesetzgebung als frei zu betrachten wären und daher von jedermann benutzt werden dürften.
Der Verlag, die Autoren und die Herausgeber gehen davon aus, dass die Angaben und Informationen in diesem Werk zum Zeitpunkt der Veröffentlichung vollständig und korrekt sind. Weder der Verlag noch die Autoren oder die Herausgeber übernehmen, ausdrücklich oder implizit, Gewähr für den Inhalt des Werkes, etwaige Fehler oder Äußerungen.

Lektorat: Susanne Kramer

Gedruckt auf säurefreiem und chlorfrei gebleichtem Papier

Springer Fachmedien Wiesbaden ist Teil der Fachverlagsgruppe Springer Science+Business Media (www.springer.com)

Inhaltsverzeichnis

Teil I Einleitung

1 Überblick 3
   Frank Molzow-Voit, Moritz Quandt, Michael Freitag und Georg Spöttl

2 **Aktuelle Entwicklung der Robotik und ihre Implikationen für den Menschen** 9
   Michael Freitag, Frank Molzow-Voit, Moritz Quandt und Georg Spöttl

Teil II Erhebung

3 **Robotik in der Logistik – Einsatzpotenziale, Herausforderungen und Trends** 23
   Ann-Kathrin Rohde

4 **Berufswissenschaftliche Erkenntnisse aus dem Projekt RobidLOG** 43
   Frank Molzow-Voit und Florian Plönnigs

Teil III Konzeption und Umsetzung

5 **Kernarbeitsprozesse beim Robotereinsatz im Betrieb als inhaltliche Grundlage für Weiterbildung – didaktische Überlegungen** 63
   Jessica Blings

6 **Konzeption und Erprobung einer Schulungsumgebung im Kontext Robotik in der Logistik** 79
   Moritz Quandt, Rafael Mortensen Ernits und Moritz Rohde

7 **Durchführung des Weiterbildungsmoduls „Bedienen, Programmieren und Entstören von Robotern in der Logistik"** 95
   Tamara Riehle

Teil IV Transfer

8 Logistiktechniker – Neue berufswirksame Weiterbildung für Fachkräfte beim IQ Technikum 113
Christoph Seifarth und Frank L. Dederichs

9 „Robotik & Automation" – Ein weiterbildendes Studium für Ingenieure und Ingenieurinnen zur Optimierung von Fertigungsprozessen und Materialfluss in Produktion und Logistik 125
Jürgen Eritt

Sachverzeichnis 137

Die Herausgeber

Frank Molzow-Voit ist wissenschaftlicher Mitarbeiter am Institut Technik und Bildung (ITB) der Universität Bremen in der Abteilung „Arbeitsprozesse und berufliche Bildung". Nach einer Berufsausbildung zum Verfahrensmechaniker für Kunststoff- und Kautschuktechnik und dem Studium der Produktionstechnik an der Hochschule Hannover arbeitete er mehrere Jahre als Produktentwickler in der Automobilzulieferindustrie. Berufsbegleitend absolvierte er ein weiteres Studium der Erwachsenenbildung an der Technischen Universität Kaiserslautern. Zu seinen Forschungsschwerpunkten gehören die Arbeitsprozessorientierung in der beruflichen Bildung sowie die berufswissenschaftliche Ermittlung von Qualifikationsbedarfen gewerblich-technischer Fachkräfte. Im Jahr 2013 initiierte Frank Molzow-Voit das Forschungsprojekt „Robotik in der Logistik – zielgruppenspezifische Weiterbildung für Fachkräfte und Entscheidungsträger/-innen (RobidLOG)".

Moritz Quandt ist wissenschaftlicher Mitarbeiter am BIBA – Bremer Institut für Produktion und Logistik an der Universität Bremen im Forschungsbereich „Intelligente Produktions- und Logistiksysteme". Nach einer Berufsausbildung zum Speditionskaufmann absolvierte er den Diplomstudiengang Wirtschaftsingenieurwesen an der Universität Bremen. Zu seinen Forschungsschwerpunkten gehören die Erfassung, Modellierung und Analyse logistischer Systeme sowie die Konzeption und Entwicklung von anwendungsorientierten Lösungen der Mensch-Technik-Interaktion. Moritz Quandt übernahm von Seiten des BIBA die Projektkoordination für das Forschungsprojekt „Robotik in der Logistik – zielgruppenspezifische Weiterbildung für Fachkräfte und Entscheidungsträger/-innen (RobidLOG)".

Prof. Dr.-Ing. Michael Freitag ist Professor für Planung und Steuerung produktionstechnischer und logistischer Systeme im Fachbereich Produktionstechnik der Universität Bremen sowie Direktor des BIBA – Bremer Institut für Produktion und Logistik GmbH. Nach einer Berufsausbildung zum Elektroinstallateur studierte er an der BTU Cottbus Elektrotechnik mit den Schwerpunkten Automatisierungs- und Kommunikationstechnik und promovierte an der Universität Bremen mit einer Arbeit zur Nichtlinearen Dynamik von Produktionssystemen. Im Jahr 2004 übernahm er die Geschäftsführung des Bremer Sonderforschungsbereiches 637 „Selbststeuerung logistischer Prozesse". 2008 wechselte er in die Industrie und leitete beim Stahlhersteller ArcelorMittal Projekte zur Optimierung logistischer Prozesse. Neben seiner Industrietätigkeit hatte er Lehraufträge an der Jacobs University Bremen. An der Universität Bremen beschäftigt sich Prof. Dr.-Ing. Michael Freitag seit 2014 mit der Modellierung, Simulation und Optimierung von komplexen Produktions- und Logistiksystemen, mit der Entwicklung von Planungs- und Steuerungsmethoden und mit der Automatisierung logistischer Prozesse durch Roboter und flexible Transportsysteme.

Prof. Dr. Dr. h.c. Georg Spöttl ist emeritierter Professor für die Berufliche Fachrichtung Metalltechnik und ihre Didaktik an der Universität Bremen und zudem Gastprofessor an der UTHM Malaysia. Er war über viele Jahre Sprecher des Instituts Technik und Bildung (ITB) der Universität Bremen und Leiter der Abteilung „Arbeitsprozesse und berufliche Bildung". Darüber hinaus verantwortete er die Ausbildung von Lehrkräften für berufliche Schulen in den Beruflichen Fachrichtungen Metalltechnik und Fahrzeugtechnik. Nach einer Berufsausbildung zum Kfz-Mechaniker absolvierte Prof Dr. Dr. h.c. Georg Spöttl ein Studium zum Maschinenbauingenieur und ein weiteres zum Berufsschullehrer mit jeweils anschließender beruflicher Tätigkeit. Er leitete zahlreiche nationale und internationale Forschungsprojekte zur Qualifizierung von Fachkräften und zur Gestaltung eines europäischen Berufsbildungsraumes, zu Entwicklungen in der Produktion und den Implikationen für die Berufsbildung und Lehrerbildung. Des Weiteren übernahm er die Leitung mehrerer Komitees (bspw. zum Deutschen Qualifikationsrahmen, Programmkommissionen) im Auftrag des BMBF und ist Vorsitzender mehrerer wissenschaftlicher Communities. Zu seinen Arbeitsschwerpunkten gehören die Berufswissenschaftliche Forschung, die internationale Berufsbildung und Berufsbildungsforschung, Schulforschung, Didaktik, Forschung im Kfz-Service und Reparatur, in der Produktionstechnik und zur Mensch-Maschine-Schnittstelle.

Teil I
Einleitung

Überblick

Frank Molzow-Voit, Moritz Quandt, Michael Freitag
und Georg Spöttl

Aufgrund der weitreichenden Kompetenzen im Themenfeld der Robotik in den Forschungseinrichtungen des Landes Bremen wurde im Jahr 2012 die „Weiterbildungsinitiative Robotik" im Beschäftigungspolitischen Aktionsprogramm (BAP) für Bremen und Bremerhaven gestartet. Diese hatte zum Ziel, die Kompetenzen und Erfahrungen hinsichtlich der Entwicklung und Konfiguration von innovativen Robotiklösungen aus der Forschung in die Unternehmen der Region zu transferieren, um die Wettbewerbsfähigkeit der Unternehmen zu steigern. Dabei standen insbesondere kleine und mittelständische Unternehmen (KMU) im Fokus, welche die Potenziale und Einsatzmöglichkeiten von individualisierten Robotiklösungen bisher nur eingeschränkt nutzen. Aus diesem Grund wurden branchenbezogene Einzelprojekte mit dem Ziel der Qualifizierung von Mitarbeiter/-innen in Unternehmen initiiert, welche aus Mitteln des Europäischen Sozialfonds (ESF) gefördert wurden.

F. Molzow-Voit (✉) · M. Freitag · G. Spöttl
Institut Technik und Bildung (ITB), Universität Bremen,
Bremen, Deutschland
E-Mail: molzow-voit@uni-bremen.de

M. Quandt
BIBA – Bremer Institut für Produktion und Logistik GmbH an der Universität Bremen
E-Mail: qua@biba.uni-bremen.de

M. Freitag
E-Mail: fre@biba.uni-bremen.de

G. Spöttl
E-Mail: spoettl@uni-bremen.de

© Springer Fachmedien Wiesbaden 2016
F. Molzow-Voit et al. (Hrsg.), *Robotik in der Logistik*, DOI 10.1007/978-3-658-08575-9_1

Die Weiterbildungsinitiative Robotik richtete sich gezielt an die Branchen Automobilproduktion und -vertrieb, Logistik, Gesundheitswirtschaft, Nahrungs- und Genussmittel sowie Maritime Wirtschaft. Zur Gewährleistung einer engen Verbindung von Theorie und Praxis, bildeten sich je nach branchenbezogenem Schwerpunkt einzelne, transdisziplinäre Projektkonsortien. Im Rahmen der Konzeption und Durchführung der jeweiligen Qualifizierungsmaßnahmen wurde darüber hinaus intensiv mit regionalen Unternehmen der einzelnen Branchen kooperiert. Dabei konnten zielgruppenspezifische Weiterbildungsangebote für die Unternehmen der adressierten Branchen in Abhängigkeit der in den Einzelprojekten identifizierten Qualifizierungsbedarfe entwickelt werden. Diese Angebote reichten, in Bezug auf den aktuellen Entwicklungsstand der jeweiligen Branche, von der Identifizierung der Einsatzmöglichkeiten für Robotiklösungen im Rahmen von Workshops bis hin zur praxisnahen Vermittlung von Programmierkenntnissen. Der fachliche Austausch zwischen den Einzelprojekten fand im Rahmen von Netzwerktreffen der Weiterbildungsinitiative statt. Zu den Aktivitäten des Netzwerks gehörten die Verstetigung der Projektergebnisse und eine gemeinsame Öffentlichkeitsarbeit. Des Weiteren konnten die Projektergebnisse der Einzelprojekte – Servicerobotik, Industrie- und Leichtbaurobotik, Assistenzrobotik sowie Robotik in der Logistik – in ein weiterbildendes Studium für Ingenieurinnen und Ingenieure transferiert werden. Zudem wurde im Rahmen der Weiterbildungsinitiative die Einrichtung eines Robotiklabors in Bremerhaven aus Mitteln des Europäischen Fonds für regionale Entwicklungen (EFRE) gefördert, welches insbesondere zur beruflichen Qualifizierung von Auszubildenden dient.

Dieses Buch entstand aus dem Forschungsprojekt „Robotik in der Logistik – zielgruppenspezifische Weiterbildung für Fachkräfte und Entscheidungsträger/-innen (RobidLOG)". Dieses wurde vom Bremer Institut für Produktion und Logistik GmbH (BIBA) an der Universität Bremen und dem Institut Technik und Bildung (ITB) der Universität Bremen gemeinsam durchgeführt und von der IQ Technikum GmbH als assoziiertem Partner begleitet. Im Zuge der Projektlaufzeit von März 2013 bis Dezember 2014 gelang es, die Qualifikationsanforderungen unterschiedlicher Zielgruppen in Logistikunternehmen der Metropolregion Bremen-Oldenburg zu ermitteln, eine modulare Weiterbildung didaktisch zu konzipieren und dieses Angebot in verschiedenen Settings und Lernumgebungen mit erfahrenen Dozent/-innen erfolgreich durchzuführen. Daneben konnten zentrale Projektergebnisse in Studienangebote für angehende Techniker/-innen und Studierende der Ingenieurwissenschaften überführt werden. Diesem Projektverlauf folgend gliedern sich die Teile des Bandes in die Einleitung, Erhebung, Konzeption und Umsetzung sowie Transfer.

Im Anschluss an einen Grundsatzartikel von Prof. Dr.-Ing. Michael Freitag, Frank Molzow-Voit, Moritz Quandt und Prof. Dr. Dr. h.c. Georg Spöttl, in dem sie die „Aktuelle Entwicklung der Robotik und ihre Implikationen für den Menschen" mittels Umsatzzahlen, Daten und Gestaltungsoptionen zum Fachkräfte- und Qualifizierungsbedarf darstellen, beginnt der Buchschwerpunkt „Erhebung". Dieser wird mit dem Beitrag „Robotik in der Logistik – Einsatzpotenziale, Herausforderungen und Trends" von Ann-Kathrin Rohde

1 Überblick

eröffnet. Darauf folgt der Beitrag „Berufswissenschaftliche Erkenntnisse aus dem Projekt RobidLOG", in dem Frank Molzow-Voit und Florian Plönnigs über die Ergebnisse aus den Erhebungen in den beforschten Unternehmen informieren.

Im Buchteil „Konzeption und Umsetzung" entfaltet zunächst Dr. Jessica Blings die „Kernarbeitsprozesse beim Robotereinsatz im Betrieb als inhaltliche Grundlage für Weiterbildung – didaktische Überlegungen". Auf dieser Grundlage schließen sich zwei weitere Beiträge an. Im ersten befassen sich Moritz Quandt, Rafael Mortensen Ernits und Moritz Rohde mit der „Konzeption und Erprobung einer Schulungsumgebung im Kontext Robotik in der Logistik". Im zweiten widmet sich Dr. Tamara Riehle der konkreten „Durchführung des Weiterbildungsmoduls: Bedienen, Programmieren und Entstören von Robotern in der Logistik".

Am Ende des Bandes werden im Schwerpunkt „Transfer" zwei Verstetigungsansätze vorgestellt. Der Beitrag „Logistiktechniker – neue berufswirksame Weiterbildung für Fachkräfte beim IQ Technikum" von Dr.-Ing. Christoph Seifarth und Frank L. Dederichs richtet sich vor allem an beruflich Qualifizierte. Im Artikel „Robotik & Automation – ein weiterbildendes Studium für Ingenieure und Ingenieurinnen zur Optimierung von Fertigungsprozessen und Materialfluss in Produktion und Logistik" von Jürgen Eritt wird ein Qualifizierungsangebot an der Universität Bremen beschrieben, in dem die Ergebnisse aus den Einzelprojekten zur Robotik in der Logistik, Industrie- und Leichtbaurobotik sowie Assistenz- und Servicerobotik zusammengefasst und in modularer Form aufbereitet worden sind.

Diese Publikation richtet sich an Wissenschaftler/-innen, Praktiker/-innen und berufliches Bildungspersonal gleichermaßen, indem sie den aktuellen Stand des Robotikeinsatzes in der Logistik detailliert beschreibt. Dabei liefern die einzelnen Beiträge wichtige Hinweise zu den Herausforderungen bei der Implementierung und dem bedarfsgerechten Einsatz dieser Technologie, denen sich die unterschiedlichen Zielgruppen auf den Ebenen der Fachkräfte und Entscheidungträger/-innen zu stellen haben. Gleichzeitig werden Lösungsansätze aufgezeigt, damit insbesondere KMU in der Logistik von den Vorteilen der Robotik profitieren können. Die im Projektzeitraum umgesetzte Weiterbildungsmaßnahme basiert auf einer fundierten berufs- und ingenieurswissenschaftlichen Grundlage, welche die Potenziale, aber auch den derzeitigen Status quo anhand von Best-Practice-Beispielen in Logistikbetrieben beschreibt. Diese Unternehmen bringen Robotik- und Automatisierungstechnik bereits gewinnbringend zum Einsatz. Nicht zuletzt zeigen auch die Transferbestrebungen, dass der identifizierte Qualifikationsbedarf für bereits oder zukünftig Berufstätige sowohl von öffentlichen als auch privatwirtschaftlichen Institutionen erkannt worden ist und mit den in diesem Buch dargelegten Weiterbildungsangeboten begegnet werden kann.

Frank Molzow-Voit ist wissenschaftlicher Mitarbeiter am Institut Technik und Bildung (ITB) der Universität Bremen in der Abteilung „Arbeitsprozesse und berufliche Bildung". Nach einer Berufsausbildung zum Verfahrensmechaniker für Kunststoff- und Kautschuktechnik und dem Studium der Produktionstechnik an der Hochschule Hannover arbeitete er mehrere Jahre als Produktentwickler in der Automobilzulieferindustrie. Berufsbegleitend absolvierte er ein weiteres Studium der Erwachsenenbildung an der Technischen Universität Kaiserslautern. Zu seinen Forschungsschwerpunkten gehören die Arbeitsprozessorientierung in der beruflichen Bildung sowie die berufswissenschaftliche Ermittlung von Qualifikationsbedarfen gewerblich-technischer Fachkräfte. Im Jahr 2013 initiierte Frank Molzow-Voit das Forschungsprojekt „Robotik in der Logistik – zielgruppenspezifische Weiterbildung für Fachkräfte und Entscheidungsträger/-innen (RobidLOG)".

Moritz Quandt ist wissenschaftlicher Mitarbeiter am BIBA – Bremer Institut für Produktion und Logistik an der Universität Bremen im Forschungsbereich „Intelligente Produktions- und Logistiksysteme". Nach einer Berufsausbildung zum Speditionskaufmann absolvierte er den Diplomstudiengang Wirtschaftsingenieurwesen an der Universität Bremen. Zu seinen Forschungsschwerpunkten gehören die Erfassung, Modellierung und Analyse logistischer Systeme sowie die Konzeption und Entwicklung von anwendungsorientierten Lösungen der Mensch-Technik-Interaktion. Moritz Quandt übernahm von Seiten des BIBA die Projektkoordination für das Forschungsprojekt „Robotik in der Logistik – zielgruppenspezifische Weiterbildung für Fachkräfte und Entscheidungsträger/-innen (RobidLOG)".

Prof. Dr.-Ing. Michael Freitag ist Professor für Planung und Steuerung produktionstechnischer und logistischer Systeme im Fachbereich Produktionstechnik der Universität Bremen sowie Direktor des BIBA – Bremer Institut für Produktion und Logistik GmbH. Nach einer Berufsausbildung zum Elektroinstallateur studierte er an der BTU Cottbus Elektrotechnik mit den Schwerpunkten Automatisierungs- und Kommunikationstechnik und promovierte an der Universität Bremen mit einer Arbeit zur Nichtlinearen Dynamik von Produktionssystemen. Im Jahr 2004 übernahm er die Geschäftsführung des Bremer Sonderforschungsbereiches 637 „Selbststeuerung logistischer Prozesse". 2008 wechselte er in die Industrie und leitete beim Stahlhersteller ArcelorMittal Projekte zur Optimierung logistischer Prozesse. Neben seiner Industrietätigkeit hatte er Lehraufträge an der Jacobs University Bremen. An der Universität Bremen beschäftigt sich Prof. Dr.-Ing. Michael Freitag seit 2014 mit der Modellierung, Simulation und Optimierung von komplexen Produktions- und Logistiksystemen, mit der Entwicklung von Planungs- und Steuerungsmethoden und mit der Automatisierung logistischer Prozesse durch Roboter und flexible Transportsysteme.

1 Überblick

Prof. Dr. Dr. h.c. Georg Spöttl ist emeritierter Professor für die Berufliche Fachrichtung Metalltechnik und ihre Didaktik an der Universität Bremen und zudem Gastprofessor an der UTHM Malaysia. Er war über viele Jahre Sprecher des Instituts Technik und Bildung (ITB) der Universität Bremen und Leiter der Abteilung „Arbeitsprozesse und berufliche Bildung". Darüber hinaus verantwortete er die Ausbildung von Lehrkräften für berufliche Schulen in den Beruflichen Fachrichtungen Metalltechnik und Fahrzeugtechnik. Nach einer Berufsausbildung zum Kfz-Mechaniker absolvierte Prof Dr. Dr. h.c. Georg Spöttl ein Studium zum Maschinenbauingenieur und ein weiteres zum Berufsschullehrer mit jeweils anschließender beruflicher Tätigkeit. Er leitete zahlreiche nationale und internationale Forschungsprojekte zur Qualifizierung von Fachkräften und zur Gestaltung eines europäischen Berufsbildungsraumes, zu Entwicklungen in der Produktion und den Implikationen für die Berufsbildung und Lehrerbildung. Des Weiteren übernahm er die Leitung mehrerer Komitees (bspw. zum Deutschen Qualifikationsrahmen, Programmkommissionen) im Auftrag des BMBF und ist Vorsitzender mehrerer wissenschaftlicher Communities. Zu seinen Arbeitsschwerpunkten gehören die Berufswissenschaftliche Forschung, die internationale Berufsbildung und Berufsbildungsforschung, Schulforschung, Didaktik, Forschung im Kfz-Service und Reparatur, in der Produktionstechnik und zur Mensch-Maschine-Schnittstelle.

Aktuelle Entwicklung der Robotik und ihre Implikationen für den Menschen

2

Michael Freitag, Frank Molzow-Voit, Moritz Quandt und Georg Spöttl

Inhaltsverzeichnis

2.1	Einleitung	10
2.2	Roboter – ein Wunschtraum und dessen Implikationen	11
2.3	Aktuelle Entwicklung der Robotik in Zahlen	12
	2.3.1 Industrie- und Serviceroboter auf dem Vormarsch	13
	2.3.2 Fachkräftebedarf in Deutschland	15
2.4	Qualifizierungsbedarf	16
2.5	Fazit	17
Literatur		17

M. Freitag (✉) · M. Quandt
BIBA – Bremer Institut für Produktion und Logistik GmbH an der Universität Bremen, Bremen, Deutschland
E-Mail: fre@biba.uni-bremen.de

M. Quandt
E-Mail: qua@biba.uni-bremen.de

F. Molzow-Voit · G. Spöttl
Institut Technik und Bildung (ITB), Universität Bremen
E-Mail: molzow-voit@uni-bremen.de

G. Spöttl
E-Mail: spoettl@uni-bremen.de

2.1 Einleitung

Der durch Deutschland trampende Roboter „Hitchbot" hat aufgrund medialer Unterstützung hohe Bekanntheit erlangt. Technisch ausgereift ist der „Hitchbot" aber nicht. Serviceroboter, die Bücher wegräumen, Getränke einschenken, Essen bringen oder Bälle fangen sind wesentlich weiter fortgeschritten. Ziel der Entwicklungen von Robotern für den Servicebereich und andere nicht industrielle Felder ist derzeit nicht unbedingt die technische Perfektion, sondern die soziale Akzeptanz von Robotern und die Interaktion zwischen Mensch und Maschine (vgl. Schoenebeck 2015, S. 4 f.). Dazu stehen nach Auffassung der Autoren zwei Denk- und Entwicklungsrichtungen im Mittelpunkt, die sich aus der Beobachtung der Ansprüche von Entwicklern abstrahieren lassen:

1. Assistenzsysteme für den industriellen Bedarf so weit entwickeln, dass sie sich selbst fortbewegen und Handhabungsaufgaben übernehmen.
2. Roboter soweit entwickeln, dass sie als Kooperationspartner für den Menschen fungieren können, in dem sie möglichst viele menschliche Fähigkeiten wahrnehmen.

Die Kooperation zwischen Mensch und Roboter durchläuft aktuell verschiedene technische Entwicklungsstufen, die mit einer zunehmenden Interaktion zwischen Mensch und Maschine einhergehen. Nach aktuellem Stand der Technik werden die bisher erforderlichen Schutzzäune der Roboterzellen zunehmend durch virtuelle und sensorische Schutzmechanismen ersetzt. Zukünftig wird die unmittelbare Zusammenarbeit von Mensch und Roboter angestrebt, wobei die Entwicklungsstufen von der Teilung eines gemeinsamen Arbeitsraums über die Übernahme für den Menschen physisch belastender Tätigkeiten durch den Roboter bis zur gleichberechtigten Kollaboration bei optimaler Einbringung der jeweiligen Fähigkeiten reichen (vgl. Haag 2015, S. 60 ff.; vgl. euRobotics aisbl 2014, S. 15).

Die Entwicklung robotischer Assistenzsysteme erfolgt mit dem Ziel, als „Expertensystem" qualifizierte Fachkräfte zu unterstützen. Die Gestaltung der Robotertechnik eröffnet Fachkräften weiterhin Möglichkeiten, Aufgaben auf der Werkstattebene wahrzunehmen. Unterstützung im Sinne einer Assistenz erfolgt durch betrieblich eingebettete Roboter. Die fachliche Kompetenz der Beschäftigten wird in diesem Szenario durch die Gestaltung der Robotertechnologien gestärkt. Die Kompetenzanforderungen setzen voraus, dass die notwendigen Informationen zur Beherrschung der Arbeitsprozesse bereitgestellt werden und für die Kompetenzentwicklung passende Qualifizierungsansätze zur Verfügung stehen. Facharbeiter und Technologie würden sich hier gegenseitig kontrollieren und beeinflussen, jedoch würde der Mensch immer noch die Entscheidungsgewalt behalten.

Ob es bei Assistenzsystemen bleiben wird oder sich der Roboter als Kooperationspartner etablieren kann, bleibt abzuwarten. Manche Ingenieurwissenschaftler, Kommunikationswissenschaftler und Informatiker gehen davon aus, dass sie die Robotertechnik soweit entwickeln können, dass das Kooperationsszenario real wird (vgl. Kirisci et al. 2015), also Roboter als „vermenschlichte" Maschinen Partner in verschiedenen Anwendungsfeldern werden. Von anderen Gruppen wird dieses Szenario wiederum abgelehnt und es wird eine humanzentrierte Entwicklung neuer Robotergenerationen angemahnt. Dazu zählen in jedem Fall Bildungs- und Berufsbildungsvertreter (vgl. Windelband und Spöttl 2012) sowie Vertreter der Sozialwissenschaften (vgl. Hirsch-Kreinsen 2014).

Welche Entwicklungsrichtung sich letztlich durchsetzen wird, wird auch von dem Verständnis des Menschen als Subjekt mit einer unantastbaren Würde abhängen. Das ist auch eine gesellschaftspolitische Frage, die es noch zu klären gilt. Die Achtung der Menschenwürde bedeutet, dass Menschen in eigener Verantwortung Daten kontrollieren. Mit Blick auf Entwicklungen im High-Tech-Bereich wie der Robotertechnik geht es dabei um die „informationelle Selbstbestimmung" des Subjekts, dem die Objekte wie beispielsweise Roboter gegenüber stehen. Bei der weiteren Entwicklung der Robotertechnik und den möglichen Entwicklungsszenarien werden die aufgeworfenen Fragen und auch die Fragen des Dateneigentums und der Sicherheit eine gewichtige Rolle spielen. Entscheidungen zu diesen Fragen werden erheblichen Einfluss auf die Frage haben, welche Rolle zukünftig Roboter spielen werden und ob sie mit „eigener Intelligenz" ausgestattet sein werden, so wie sich das manche Entwicklungsingenieur/-innen heute schon vorstellen.

2.2 Roboter – ein Wunschtraum und dessen Implikationen

Roboter faszinierten die Menschheit schon lange, bevor es sie wirklich gab. Denn die Vorstellung, der Mensch könnte sich ein Ebenbild schaffen, das ihm nicht nur gleicht, sondern ihn in manchen Fähigkeiten noch übertrifft, führt zu einer Frage existenzieller Art nach dem Wesen des Menschen: Was unterscheidet uns überhaupt von einer Maschine? Es gibt eine Reihe von Wissenschaftlern, die zwischen Mensch und Maschine keinen prinzipiellen Unterschied mehr erkennen können und grundsätzlich jede menschliche Tätigkeit für formalisierbar halten. Nicht aus dem Szenarium eines Horrorfilms, sondern aus den Laboren von Wissenschaftler stammen Evolutionstheorien, nach denen die Menschen – wie einst die Dinosaurier – aussterben werden und die künftigen Herrscher der Erde eine vom Menschen geschaffene künstliche Intelligenz sein soll. Möglicherweise ist dies nicht nur ein phantasievolles Sandkastenspiel, das im Unterricht über Prozessdatenverarbeitung behandelt wird und werden soll (vgl. Koerber et al. 1988, S. 3; vgl. Brynjolfsson und McAfee 2014), sondern müsste als ein schwergewichtiges Szenario Beachtung finden.

Ein von Ingenieur/-innen intensiv verfolgtes Szenario ist die weitere Entwicklung der künstlichen Intelligenz und der technischen Realisierung kognitiver Fähigkeiten, wonach Roboter zunehmend intelligenter werden. Dies wird im Bereich der Servicerobotik aktuell u. a. anhand der eigenständigen Durchführung von Alltagssituationen untersucht, in denen der Roboter sich Wissen aneignen, Situationen interpretieren, Entscheidungen treffen sowie einmal erlernte Fähigkeiten beliebig oft wiederholen kann (vgl. Beetz et al. 2014, S. 1; vgl. Winkler et al. 2014, S. 47; vgl. Tenorth und Beetz 2013, S. 566).

Die Chance, den Menschen von schwerer körperlicher und gesundheitsgefährdender Arbeit zu befreien, motiviert dazu zu prüfen, ob eine Kollaboration von Mensch und Roboter möglich ist (vgl. Kirisci et al. 2015). In künftigen cyber-physischen Arbeitsumgebungen halten dieses Wissenschaftler dort für möglich, wo sich die Arbeitsbereiche von Mensch und Roboter zunehmend überschneiden. Es wird davon ausgegangen, dass die unterschiedlichen Arbeitsbereiche von Mensch und Roboter gänzlich zusammengeführt werden (vgl. ebd., S. 43). Die Zusammenarbeit von Mensch und Roboter verspricht, so die Annahme, mehr Flexibilität und Produktivität durch Echtzeitplanung und -steuerung der Arbeitsprozesse. „Humanisierung" von Arbeit in diesem Zusammenhang bedeutet also nicht nur mehr oder billiger zu produzieren und den Menschen von schwerer Arbeit zu entlasten. Es bedeutet eine Kollaboration der beiden Akteure, deren eigentliche Beziehung noch nicht endgültig geklärt ist. Es ist naheliegend, dass es zu dieser Position auch andere Bewertungen der Entwicklungen gibt. Die skizzierte technikdeterministische Position geht davon aus, dass mit Hilfe intelligenter Technik alle technischen Herausforderungen gelöst werden können. Es wird dabei angenommen, dass Technik vollkommen objektivierbar ist. Dazu gibt es wenigstens genauso gut belegte Gegenpositionen, die davon ausgehen, dass nicht alle technischen Abläufe objektivierbar sind, weil immer Unwägbarkeiten auftreten (vgl. Bauer et al. 2002), die nur mit menschlicher Intelligenz bewältigt werden können und weil das Sammeln von „Erfahrung" (vgl. Spöttl und Windelband 2013) allein Sache des Menschen ist, die sich nicht ohne weiteres in steuerungstechnische Algorithmen übertragen lassen.

In der aktuellen Diskussion liegt der Schwerpunkt jedoch vornehmlich auf technologischen Entwicklungen. Dabei dominieren intelligente Fähigkeiten (sog. Smart X-Technologien), die „in der Wechselwirkung von so genannten Smart Objects, Smart Services und Smart Networks zukünftig komplexe Aufgaben eigenständig (autonom) bewältigen. Serviceroboter mit kognitiven Fähigkeiten werden zu intelligenten Assistenten, die eigenständig und sicher handeln und via Internet miteinander interagieren. Semantische Verfahren ermöglichen die automatische Verknüpfung des richtigen, im thematischen Zusammenhang benötigten Wissens und die automatische Generierung von komplexen elektronischen Dienstleistungen." (Bundesministerium für Wirtschaft und Technologie 2012, S. 3). In diesem Zukunftsbild steht die Informations- und Kommunikationstechnologie im Mittelpunkt. Die Rolle des Menschen bedarf in diesem Kontext der weiteren Klärung.

2.3 Aktuelle Entwicklung der Robotik in Zahlen

In den letzten 20 Jahren wurde über Roboter wenig öffentlich diskutiert. Sie waren als Assistenzanlagen in der Industrie akzeptiert und wurden vor allem für einfache und monotone Arbeiten eingesetzt. Ihre Zahl nahm ständig zu. Für Diskussionen sorgten vor allem Serviceroboter, die zunehmend Aufgaben in Feldern wahrnahmen, wo dieses nicht zu erwarten war. Inzwischen sind Roboter im Gesamten in der Diskussion, weil sie in den Konzepten von Industrie 4.0 eine immer wichtigere Rolle spielen.

2.3.1 Industrie- und Serviceroboter auf dem Vormarsch

Industrieroboter werden hauptsächlich zu Fertigungs- und Überwachungszwecken sowie beim Montieren und Verpacken eingesetzt. Serviceroboter hingegen erledigen vor allem Dienstleistungen für den Menschen bspw. durch die Bereitstellung von Lebensmitteln (vgl. ISO 8373:2012 2012) oder die Übernahme der Pflege von alten Menschen.

Beide Anwendungen verzeichnen zunehmende Absatzzahlen, wie die jährlichen Statistiken „World Robotics – Industrial Robots" und „World Robotics – Service Robots" der International Federation of Robotics (IFR) zeigen. Demnach wurden im Jahr 2013 mit knapp 180.000 Einheiten so viele Industrieroboter wie noch nie abgesetzt, davon ca. 18.300 in Deutschland – dem größten Robotermarkt in Europa. Für die Jahre bis 2017 wird weltweit von einem zweistelligen Wachstum ausgegangen, für Europa rechnet man mit 6 % Zuwachs (vgl. IFR 2014a, S.11 ff.). Im Vergleich dazu sind gewerbsmäßig eingesetzte Serviceroboter mit im Jahr 2013 insgesamt 21.000 abgesetzten Einheiten deutlich in der Unterzahl. Hier werden in den kommenden vier Jahren voraussichtlich über 130.000 weitere hinzukommen. Auffällig dabei ist, dass der Logistiksektor neben dem Verteidigungs- und dem Landwirtschaftssektor zu den Hauptanwendungsbereichen für Serviceroboter gehört, wie Abb. 2.1 veranschaulicht. Zwischen 2014 und 2017 werden hier über 10.200 neue Einheiten erwartet, darunter 9.200 fahrerlose Transportsysteme (vgl. ebd., S. 20 ff.).

Aktuelle Zahlen und Trends in der deutschen Robotik- und Automationsbranche liefert der VDMA (2014), wobei hier nicht zwischen Industrie- und Servicerobotern unterschieden wird. Die Studie prognostiziert für die Robotik in Deutschland im Jahr 2014 ein

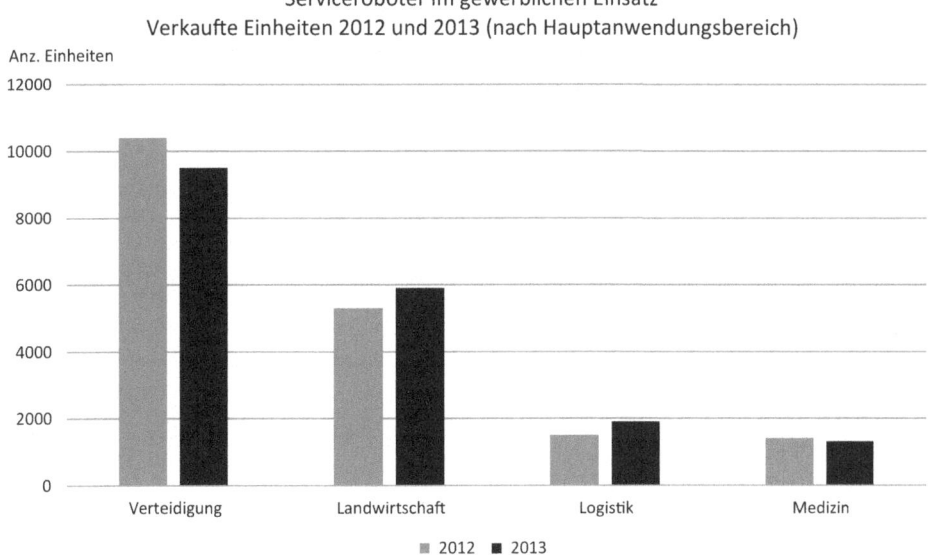

Abb. 2.1 Weltweit verkaufte Serviceroboter für die gewerbliche Nutzung nach Hauptanwendungsbereich. (Quelle: IFR 2014a, S. 23)

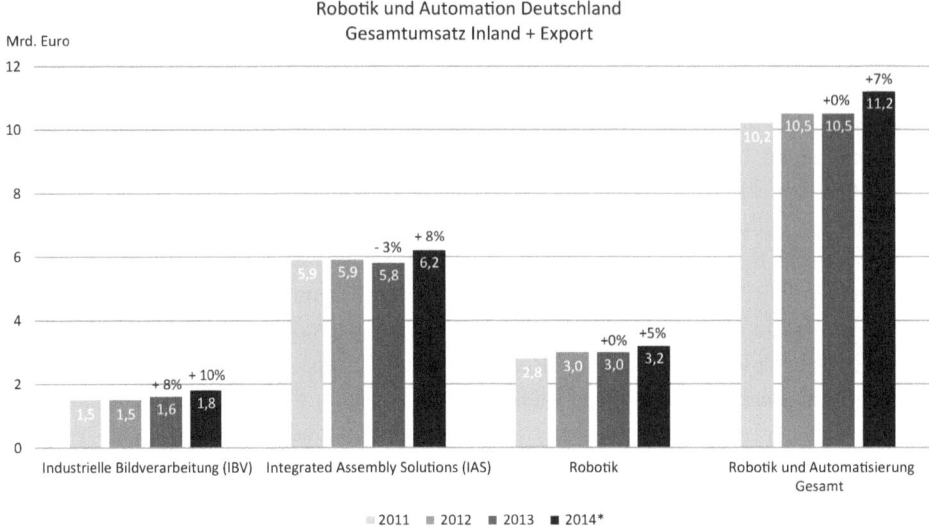

Abb. 2.2 Entwicklung des Gesamtumsatzes für Robotik und Automation in Deutschland von 2011–2014. (Quelle: VDMA 2014)

Wachstum von fünf Prozent auf 3,2 Mrd. € Umsatz. Daneben wird die in der Produktionsautomatisierung und Qualitätssicherung eingesetzte industrielle Bildverarbeitung (IBV) um 10 % ansteigen und 1,8 Mrd. € umsetzen. Eine Zunahme wird auch bei der Herstellung von Komponenten und Systemen für die Montage und Handhabung (Integrated Assembly Solutions – IAS) um 8 % auf 6,2 Mrd. € erwartet, wie in Abb. 2.2 dargestellt. Damit bestätigt sich der oben beschriebene globale Trend ebenfalls auf nationaler Ebene.

Für die Veränderung von Produkten und Produktionsprozessen durch technologische Innovationen sehen gemäß VDMA und McKinsey & Company (2014) zwei Drittel der befragten Unternehmen in Deutschland folgende Haupttrends:

- „Advanced Robotics" und künstlich unterstütztes menschliches Handeln sowie
- Intensivierung der Mensch-Maschine-Interaktion.

Entwicklungen wie das Internet der Dinge, Industrie 4.0 (beide je 56 %) und 3D-Drucker (50 %) folgen bei der Revolutionierung von Produkten bzw. Produktionsprozessen durch technologische Innovationen mit Abstand auf den weiteren Plätzen (vgl. ebd., S. 22). Hieraus wird bereits ersichtlich, dass es bei der Frage nach der Arbeitsorganisation nicht allein um bloße Arbeitsteilung geht, sondern im Gegensatz dazu gerade das Zusammenspiel zwischen Fachpersonal und Robotern immer bedeutsamer wird. Dadurch wird die oben genannte Frage intensiviert, welche Rolle Mensch und Maschine zukünftig spielen werden und ob es dem Menschen gelingen wird, seine entscheidende Position zu behalten.

Neue Lösungen in Form von Schnittstellen, Steuerungen und Software, mit denen selbst Menschen ohne Robotererfahrung verschiedenste Aufgabenbereiche automatisieren können, eröffnen auch mittelständischen Unternehmen unterschiedlichster Branchen neue

Einsatzmöglichkeiten (vgl. Gundel in IFR 2014b). Industrieroboter entwachsen demnach zunehmend ihren ursprünglichen Einsatzfeldern wie dem Automobilbau und werden ob der vereinfachten Anwendung als „Team-Lösung" in neuen Gebieten und Wirtschaftszweigen eingesetzt.

2.3.2 Fachkräftebedarf in Deutschland

Roboterassistenzsysteme und intelligente Automatisierungslösungen entlasten den Menschen vor allem bei körperlich anstrengenden oder ergonomisch ungünstigen Arbeiten. Nimmt ferner die Flexibilität der eingesetzten Robotersysteme weiter zu, so ließe sich Schenk und Elkmann (2012, S. 110) zufolge der demografisch bedingte Fachkräftemangel ausgleichen. An dieser Stelle muss allerdings betont werden, dass die Übernahme von manuellen Arbeitsaufgaben der künftig fehlenden Beschäftigten durch Roboter nicht zur Lösung des Problems bei der Bedienung, Programmierung und Instandhaltung dieser Technik beitragen kann. Der bemerkenswerten Entwicklung der Robotik steht aktuell ein überaus hoher Bedarf an Experten, Fachkräften und Spezialisten in der Berufsgruppe Mechatronik und Automatisierungstechnik gegenüber (vgl. Bundesagentur für Arbeit 2014, S. 6). Wie Abb. 2.3 zu entnehmen ist, betrifft dies nicht nur Akademiker/-innen in technischen Berufen. Die bundesweite Mangelsituation zeigt sich ebenfalls anhand der

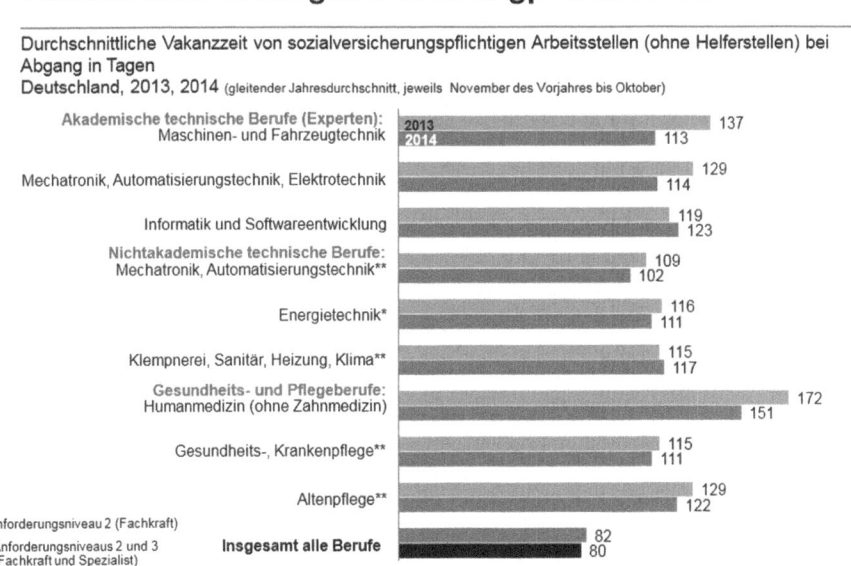

Abb. 2.3 Vakanzzeiten ausgewählter Engpassberufe in Deutschland für die Jahre 2013 und 2014. (Quelle: Bundesagentur für Arbeit 2014, S. 7)

deutlich überdurchschnittlichen Vakanzzeit für technische Fachkräfte, insbesondere in den norddeutschen Bundesländern Schleswig-Holstein, Hamburg, Niedersachsen und Bremen (vgl. ebd, S. 13). Schließt man die in der Abbildung außerdem verzeichneten Engpässe bei den Gesundheits- und Pflegeberufen in die Betrachtung ein, so wird folgender Umkehrschluss erkennbar:

Der Einsatz von Industrie- und Servicerobotern vermag die zum jetzigen Zeitpunkt benötigten Fachkräfte weder in gewerblich-technischen Fachrichtungen noch in personenbezogenen Dienstleistungsbereichen zu kompensieren. Beide Berufsgruppen sind vielmehr unverzichtbare Teilhaber dieser Technikentwicklung, da solche Tätigkeiten nicht automatisierbar sind, „die eine intellektuelle Leistung des Erwerbstätigen erfordern oder ein situationsbezogenes Urteilungsvermögen voraussetzen" (Christaller et al. 2001, S. 174).

2.4 Qualifizierungsbedarf

Betrachtet man die technologische Entwicklung bei Robotern, dann wird deutlich, dass die Qualifizierung der Fachkräfte nicht außer Acht gelassen werden darf, wenn die Anlagen noch vom Menschen und nicht allein von der Technik beherrscht werden sollen. Den genaueren Bedarf festzustellen, stellt sich aber als ausgesprochen anspruchsvoll heraus, da die Einsatzfelder für Roboter sehr vielfältig geworden sind und abhängig davon sehr spezifische Qualifizierungserfordernisse entstehen. Aus diesem Grund sollen nachstehend einige generelle Hinweise zu Schwerpunkten einer notwendigen Kompetenzentwicklung genannt werden:

- Vorbereitung auf Bedienung und Wartung von unterschiedlichen Industrierobotern,
- Vorbereitung auf multifunktionale Bedienung von Robotersystemen,
- Vermittlung von Kenntnissen über den generellen Aufbau der Roboterkinematik und deren Sonderformen – diese Kenntnisse sind leistungsbestimmend, der Bediener muss immer ein angemessenes geistiges Abbild der Bewegungsmöglichkeiten und der Achsensteuerung des Roboters besitzen,
- Vermittlung von Grundwissen in Elektrik, Elektronik, Hydraulik, Pneumatik, Informatik, (Vermittlung physikalischer und „hybrider" Kenntnisse),
- Vermittlung des Zusammenspiels von Robotern mit cyber-physisch bestimmten Arbeitsumgebungen.

Abgesehen von roboterspezifischen Trends erfolgt eine stärkere Einbettung der Industrieroboter in komplexere und cyber-physische Systeme. Deshalb dürfen Qualifizierungen nicht allein roboterzentriert erfolgen. Da der Roboter künftig nur einen Teil des Gesamtsystems darstellt, sind Kenntnisse über alle Komponenten, Systeme und Netzwerke hinweg notwendig und somit leistungsbestimmend. Die künftig unübersehbare Zahl von Robotertypen, Robotersystemen und Kombinationen von Peripherieelementen lässt es zweckmäßig erscheinen, einen Schwerpunkt auf systemübergreifende Technik- und Verfahrenskenntnisse zu legen.

Bei Qualifizierungsanstrengungen muss es in erster Linie darum gehen, die Fachkräfte in die Lage zu versetzen, Roboter als Assistenzsysteme zu nutzen, was ein hohes prozessspezifisches Wissen bedingt. Bei Problemen müssen sie befähigt sein, einzugreifen und Entscheidungen zu treffen. Abhängig ist diese Beziehung von der Balance der Intelligenz zwischen Mensch und Maschine.

2.5 Fazit

Zur Einbeziehung des Menschen in die kontinuierliche technische Weiterentwicklung von Robotersystemen müssen sowohl geeignete Qualifizierungen zur Ausbildung von Fachkräften im Bereich der Robotik angeboten als auch die technischen Systeme gemäß der Anforderungen durch den Menschen gestaltet werden.

Durch die Entwicklung geeigneter Mensch-Maschine-Schnittstellen wird ein Anlernen des Roboters über Sprache, Gesten oder das Vorführen bestimmter Handlungsschritte ermöglicht. Ziel dieser Entwicklungen ist der Einsatz eines Roboters zur Durchführung definierter Aufgabenstellungen durch den Menschen, ohne dass Bediener/-innen dafür detaillierte Programmierkenntnisse benötigen. Darüber hinaus werden kontinuierliche technische Weiterentwicklungen von Robotersystemen vermutlich eine unmittelbare Zusammenarbeit von Mensch und Maschine zulassen. Auf diese Weise könnten die Stärken von Mensch und Maschine in einer kollaborativen Arbeitsumgebung genutzt werden, was aber gleichzeitig auch erhöhte Anforderungen an die Sicherheit des Menschen bzw. des Gesamtsystems bedeutet.

Die Voraussetzung für die direkte Zusammenarbeit von Mensch und Maschine ist die Nachvollziehbarkeit, der durch den Roboter durchgeführten Aktivitäten sowie ein Systemverständnis durch die Nutzer/-innen. Die optimale Ergänzung des Menschen durch ein Robotersystem kann nur dann erreicht werden, wenn der Roboter eine für den Menschen verständliche Rückmeldung über Verhaltensmuster und auftretende Fehler gibt. Auf diese Weise wird der Mensch in die Lage versetzt, den Roboter nach seinen Bedürfnissen für definierte Tätigkeiten einzusetzen und Störungen am Robotersystem effizient zu beheben.

Diese Argumentationslinien zeigen sehr deutlich, dass die Entscheidungen über die zukünftigen Entwicklungslinien letztendlich noch nicht gefallen sind. Es ist Sache der Ingenieur/-innen, Entwickler/-innen, Sozialwissenschaftler/-innen, Berufsbildner/-innen und anderen, diese Gestaltungsaufgabe anzunehmen.

Literatur

Bauer, H.G., Böhle, F., Munz, C., Pfeiffer, S., Woicke, P.: Hightech-Gespür – Erfahrungsgeleitetes Arbeiten und Lernen in hochtechnisierten Arbeitsbereichen. Bertelsmann, Bielefeld (2002)

Beetz, M., Balint-Benczedi, F., Blodow, N., Nyga, D., Wiedemeyer, T., Marton, Z.-C.: RoboSherlock: Unstructured Information Processing for Robot Perception. In: TZI Internal Report, vol. 75, 2014, accepted for publication in IEEE International Conference on Robotics and Automation (ICRA). (2014)

Brynjolfsson, E., McAfee, A.: The Second Machine Age. Wie die nächste digitale Revolution unser aller Leben verändern wird. Boersenbuchverlag, Kulmbach (2014)

Bundesagentur für Arbeit: Der Arbeitsmarkt in Deutschland – Fachkräfteengpassanalyse – Dezember 2014, Nürnberg (2014)

Bundesministerium für Wirtschaft und Technologie (BMWi) (Hrsg.): Autonomik für Industrie 4.0. Produktion, Produkte, Dienste im multidimensionalen Internet der Zukunft. Berlin (2012)

Christaller, Th., Decker, M., Gilsbach, J.M., Hirzinger, G., Lauterbach, K.W., Schweighöfer, E., Schweitzer, G., Sturma, D.: Robotik. Perspektiven für menschliches Handeln in der zukünftigen Gesellschaft. Springer, Berlin (2001)

euRobotics aisbl: Strategic Research Agenda For Robotics in Europe 2014–2020. http://www.eurobotics.net/cms/upload/PPP/SRA2020_SPARC.pdf (2014). Zugegriffen: 13. Feb. 2015

Haag, M.: Kollaboratives Arbeiten mit Robotern – Vision und realistische Perspektive. In: Botthof, A., Hartmann, E.A. (Hrsg.) Zukunft der Arbeit in Industrie 4.0. Springer Vieweg, Berlin (2015)

Hirsch-Kreinsen, H.: Wandel von Produktionsarbeit – Industrie 4.0. Soziologisches Arbeitspapier Nr. 38/2014. TU Dortmund (2014)

IFR: Executive Summary World Robotics 2014. http://www.ifr.org/uploads/media/Executive_Summary_WR_2014.pdf (2014a). Zugegriffen: 13. Feb. 2015

IFR: Weltweite Studie: Mensch-Roboter-Teams erobern neue Wirtschaftszweige. Pressemitteilung vom 04.12.2014. http://www.presseportal.de/pm/115415/2897343/weltweite-studie-mensch-roboter-teams-erobern-neue-wirtschaftszweige (2014b). Zugegriffen: 13. Feb. 2015

ISO 8373:2012(en): Robots and robotic devices – Vocabulary. ISO/TC 184/SC 2 (2012–03-01) https://www.iso.org/obp/ui/#iso:std:55890:en (2012). Zugegriffen: 18. März 2015

Kirisci, P.T., Pannek, J., Ghrairi, Z., Thoben, K.D., Lawo, M.: Mensch-Roboter-Kollaboration in cyber-physischen Arbeitsumgebungen. Industrie 4.0 Manag. **31**(1), 43–44 (2015)

Koerber, B., Martin, W., Schulz-Zander, R.: Der Traum von der zweiten Schöpfung – Industrieroboter. LOG IN8, Heft 5/6, S. 3 (1988)

Schenk, M., Elkmann, N.: Sichere Mensch-Roboter-Interaktion: Anforderungen, Voraussetzungen, Szenarien und Lösungsansätze. In: Müller, Egon (Hrsg.) Demografischer Wandel – Herausforderungen für die arbeits- und Betriebsorganisation der Zukunft, 109–120. GITO, Berlin (2012)

Schoenebeck, G. von: Per Anhalter durch Deutschland. VDI nachrichten **8**(20), 4–5. Zugegriffen: 20. Feb. 2015

Spöttl, G., Windelband, L.: Berufsforschung. In: Pahl, J.-P., Herkner, V. (Hrsg.) Handbuch Berufsforschung, S. 186–196. Bertelsmann, Bielefeld (2013)

Tenorth, M., Beetz, M.: KnowRob – A knowledge processing infrastructure for cognition-enabled robots. Int. J. Robot. Res. **32**(5), 566–590 (April 2013)

VDMA: Robotik und Automation – aktuelle Branchendaten. http://rua.vdma.org/article/-/articleview/1638458 (2014). Zugegriffen: 13. Feb. 2015

VDMA, McKinsey & Company: Erfolgsmuster und Trends in der deutschen Robotik- und Automationsbranche. Handlungsansätze für mehr Wachstum und Profitabilität. Eine Detailanalyse der Studie „Zukunftsperspektive deutscher Maschinenbau". http://www.vdma.org/documents/105628/6563034/Zukunftsperspektive+deutscher+Maschinenbau+-+Auswertung+Robotik%2BAutomation.pdf/e2f2774d-2df7-44da-906e-267b34c17e63 (2014). Zugegriffen: 13. Feb. 2015

Windelband, L., Spöttl, G.: Diffusion von Technologien in die Facharbeit und deren Konsequenzen für die Qualifizierung am Beispiel des „Internets der Dinge". In: Faßhauer, U., Fürstenau, B., Wuttke, E. (Hrsg.) Berufs- und wirtschaftspädagogische Analysen – aktuelle Forschungen zur beruflichen Bildung, S. 205–219. Barbara Budrich, Opladen (2012)

Winkler, J., Tenorth, M., Bozcuoglu, A. K., Beetz, M.: CRAMm – Memories for robots performing everyday manipulation activities. Adv. Cogn. Syst. **3**, 47–66 (2014)

Prof. Dr.-Ing. Michael Freitag ist Professor für Planung und Steuerung produktionstechnischer und logistischer Systeme im Fachbereich Produktionstechnik der Universität Bremen sowie Direktor des BIBA – Bremer Institut für Produktion und Logistik GmbH. Nach einer Berufsausbildung zum Elektroinstallateur studierte er an der BTU Cottbus Elektrotechnik mit den Schwerpunkten Automatisierungs- und Kommunikationstechnik und promovierte an der Universität Bremen mit einer Arbeit zur Nichtlinearen Dynamik von Produktionssystemen. Im Jahr 2004 übernahm er die Geschäftsführung des Bremer Sonderforschungsbereiches 637 „Selbststeuerung logistischer Prozesse". 2008 wechselte er in die Industrie und leitete beim Stahlhersteller ArcelorMittal Projekte zur Optimierung logistischer Prozesse. Neben seiner Industrietätigkeit hatte er Lehraufträge an der Jacobs University Bremen. An der Universität Bremen beschäftigt sich Prof. Dr.-Ing. Michael Freitag seit 2014 mit der Modellierung, Simulation und Optimierung von komplexen Produktions- und Logistiksystemen, mit der Entwicklung von Planungs- und Steuerungsmethoden und mit der Automatisierung logistischer Prozesse durch Roboter und flexible Transportsysteme.

Frank Molzow-Voit ist wissenschaftlicher Mitarbeiter am Institut Technik und Bildung (ITB) der Universität Bremen in der Abteilung „Arbeitsprozesse und berufliche Bildung". Nach einer Berufsausbildung zum Verfahrensmechaniker für Kunststoff- und Kautschuktechnik und dem Studium der Produktionstechnik an der Hochschule Hannover arbeitete er mehrere Jahre als Produktentwickler in der Automobilzulieferindustrie. Berufsbegleitend absolvierte er ein weiteres Studium der Erwachsenenbildung an der Technischen Universität Kaiserslautern. Zu seinen Forschungsschwerpunkten gehören die Arbeitsprozessorientierung in der beruflichen Bildung sowie die berufswissenschaftliche Ermittlung von Qualifikationsbedarfen gewerblich-technischer Fachkräfte. Im Jahr 2013 initiierte Frank Molzow-Voit das Forschungsprojekt „Robotik in der Logistik – zielgruppenspezifische Weiterbildung für Fachkräfte und Entscheidungsträger/-innen (RobidLOG)".

Moritz Quandt ist wissenschaftlicher Mitarbeiter am BIBA – Bremer Institut für Produktion und Logistik an der Universität Bremen im Forschungsbereich „Intelligente Produktions- und Logistiksysteme". Nach einer Berufsausbildung zum Speditionskaufmann absolvierte er den Diplomstudiengang Wirtschaftsingenieurwesen an der Universität Bremen. Zu seinen Forschungsschwerpunkten gehören die Erfassung, Modellierung und Analyse logistischer Systeme sowie die Konzeption und Entwicklung von anwendungsorientierten Lösungen der Mensch-Technik-Interaktion. Moritz Quandt übernahm von Seiten des BIBA die Projektkoordination für das Forschungsprojekt „Robotik in der Logistik – zielgruppenspezifische Weiterbildung für Fachkräfte und Entscheidungsträger/-innen (RobidLOG)".

**Prof. Dr. Dr. h.c. Georg Spöttl** ist emeritierter Professor für die Berufliche Fachrichtung Metalltechnik und ihre Didaktik an der Universität Bremen und zudem Gastprofessor an der UTHM Malaysia. Er war über viele Jahre Sprecher des Instituts Technik und Bildung (ITB) der Universität Bremen und Leiter der Abteilung „Arbeitsprozesse und berufliche Bildung". Darüber hinaus verantwortete er die Ausbildung von Lehrkräften für berufliche Schulen in den Beruflichen Fachrichtungen Metalltechnik und Fahrzeugtechnik. Nach einer Berufsausbildung zum Kfz-Mechaniker absolvierte Prof. Dr. Dr. h.c. Georg Spöttl ein Studium zum Maschinenbauingenieur und ein weiteres zum Berufsschullehrer mit jeweils anschließender beruflicher Tätigkeit. Er leitete zahlreiche nationale und internationale Forschungsprojekte zur Qualifizierung von Fachkräften und zur Gestaltung eines europäischen Berufsbildungsraumes, zu Entwicklungen in der Produktion und den Implikationen für die Berufsbildung und Lehrerbildung. Des Weiteren übernahm er die Leitung mehrerer Komitees (bspw. zum Deutschen Qualifikationsrahmen, Programmkommissionen) im Auftrag des BMBF und ist Vorsitzender mehrerer wissenschaftlicher Communities. Zu seinen Arbeitsschwerpunkten gehören die Berufswissenschaftliche Forschung, die internationale Berufsbildung und Berufsbildungsforschung, Schulforschung, Didaktik, Forschung im Kfz-Service und Reparatur, in der Produktionstechnik und zur Mensch-Maschine-Schnittstelle.

Teil II
Erhebung

Robotik in der Logistik – Einsatzpotenziale, Herausforderungen und Trends

3

Ann-Kathrin Rohde

Inhaltsverzeichnis

3.1	Industrieroboter halten Einzug in die Arbeitswelt	24
3.2	Aufgaben und Herausforderungen der Intralogistik	26
3.3	Einsatzfelder für Roboter in der Intralogistik	32
3.4	Fallbeispiel: Robotiklösungen für eine Aufgabe mit geringer Standardisierbarkeit	35
3.5	Entwicklungen und Markttrends der Robotik-Logistik gemäß der RoboScan-Studienreihe	37
3.6	Fazit	39
Literatur		40

A.-K. Rohde (✉)
BIBA – Bremer Institut für Produktion und Logistik GmbH an der Universität Bremen,
Bremen, Deutschland
E-Mail: rod@biba.uni-bremen.de

© Springer Fachmedien Wiesbaden 2016
F. Molzow-Voit et al. (Hrsg.), *Robotik in der Logistik,* DOI 10.1007/978-3-658-08575-9_3

3.1 Industrieroboter halten Einzug in die Arbeitswelt

In der industriellen Produktion ist der Einsatz von Robotern als Handhabungswerkzeuge seit langem nicht mehr wegzudenken. Dieses Kapitel gibt einleitend einen Einblick in die Entwicklungsgeschichte des Einsatzes von Robotern in der Industrie und geht dabei neben der zahlenmäßigen Entwicklung auch auf Hauptanwendungen und Branchen, in denen Robotiklösungen zum Einsatz kommen, ein.

Roboter werden seit den 1960er Jahren besonders in der Automobilproduktion für Aufgaben eingesetzt, welche hohe Anforderungen an Präzision und Wiederholgenauigkeit stellen. Dabei übernehmen Roboter wichtige Produktionsschritte wie das Fügen, Schweißen, Positionieren und Montieren von Bauteilen oder das Bestücken von Anlagen (vgl. Jacob 2004, S. 6). Neben der hohen Positionsgenauigkeit, der Nutzlast und der Geschwindigkeit, ist ebenso die Ausfallsicherheit und die Übernahme von für den Menschen gefährlichen oder schädigenden Aufgaben vorteilig (vgl. Haun 2013, S. 9). Aufgrund der begrenzten Sensorik und Intelligenz der „ursprünglichen" Systeme war das Einsatzgebiet zunächst stark auf einfache Aufgabenstellungen beschränkt, die aus wiederkehrenden Bewegungsabläufen bestehen und nur geringe Anforderungen an den „Intellekt" der Systeme stellen. Ständig wiederkehrende Aufgaben und gleichbleibende Güter sind bis heute die idealen Rahmenbedingungen, unter denen Industrieroboter eingesetzt werden können.

Die Integration neuer Technologien sowie die Weiterentwicklung bestehender Systeme führte zu einer stetigen Ausweitung der Einsatzfelder von Robotern (vgl. Haun 2013, S. 9). Besonders der Einsatz von Sensortechnologien und Bildverarbeitungsalgorithmen in Robotersysteme eröffnete viele neue Anwendungsfelder. Durch diese Technologien konnten Robotersysteme in die Lage versetzt werden die Arbeitsumgebung zu erfassen und diese Informationen in die Programmabläufe zu integrieren. Somit erfolgte eine Flexibilisierung der Arbeitsweise der Systeme, die unter anderem eine gezielte Aufnahme von Gegenständen ermöglicht und Systeme in die Lage versetzt Objekte beim sogenannten „Griff in die Kiste" aus einem Verbund zu lösen. Roboter finden heutzutage, selbst in einer chaotischen Anordnung, eigenständig und gezielt definierte Handhabungsobjekte (vgl. Ledermann 2012, S. 16). Obwohl diese Systeme in der Lage sind hochkomplexe Situationen zu bewältigen, werden sie den zeitlichen Anforderungen der Wirtschaft oft noch nicht gerecht; ihre Weiterentwicklung ist allerdings vielversprechend und die im industriellen Umfeld eingesetzten Robotersysteme profitieren nicht zuletzt auch von den Ergebnissen der Forschung und Entwicklung (vgl. Bischoff et al. 2010, S. 679). Auch wenn die Zahl der Einsatzfelder für Roboter durch die Weiterentwicklungen stark vergrößert werden konnte, ist das größte Potenzial weiterhin in der Verwendung von Industrierobotern für Anwendungen mit einem hohen Standardisierungsgrad zu finden.

Mit der Vielfalt der Aufgabenbereiche, in denen Roboter eingesetzt werden, erhöhte sich über die Jahre auch die Zahl der im Einsatz befindlichen Roboter sowie der Neuintegrationen. Wurden Mitte der neunziger Jahre noch ca. 70.000 Roboter weltweit verkauft, so waren es 2013 knapp 180.000 (vgl. Abb. 3.1).

3 Robotik in der Logistik – Einsatzpotenziale, Herausforderungen und Trends

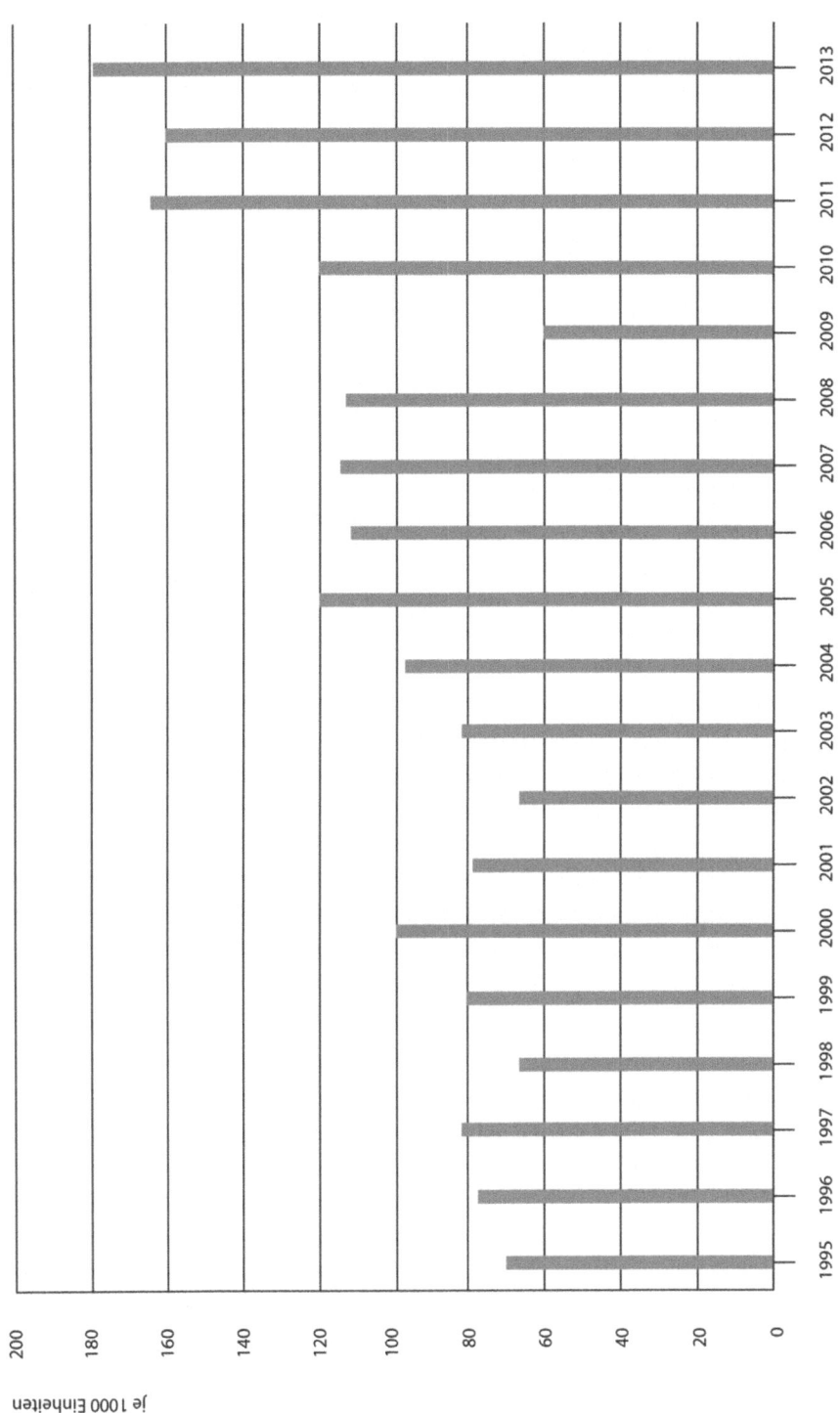

Abb. 3.1 Geschätzte weltweite Lieferungen industrieller Roboter. (Quelle: Eigene Darstellung nach IFR 2014, S. 49)

Zu den größten Abnehmern mit insgesamt über 70 % der Marktanteile zählen Unternehmen in Japan, China, USA, Korea und Deutschland. Die wichtigste Branche für den Einsatz von Robotern ist dabei nach wie vor die Automobilindustrie, in der im Jahr 2013 knapp 70.000 Neuinstallationen vorgenommen wurden. Dies stellt eine Steigerung von knapp 4 % gegenüber 2012 dar (vgl Abb. 3.2).

Hinsichtlich der weltweit im Einsatz befindlichen Roboter rechnet die „International Federation of Robotics" (IFR) für Ende 2013 mit ca. 1,3 bis 1,6 Mio. Anlagen. Davon werden rund 400.000 Roboter in Europa eingesetzt; wobei ca. 52 % auf Handhabungsaufgaben, 25 % auf Schweiß- und Lötroboter und in Summe 12 % auf Prozess-, Montage- und Lackieraufgaben entfallen (11 % andere und unspezifizierte Robotersysteme) (vgl. Abb. 3.3). Die Analyse nach dem Brancheneinsatz der Roboter in Europa zeigt, dass 44 % der 2013 neuinstallierten Roboter in der Automobilindustrie und 15 % in der metallverarbeitenden Industrie ihren Einsatz fanden.

> Gemäß ISO 8373:2012 sind Industrieroboter als automatisch ansteuerbare, wiederprogrammierbare, in drei oder mehr Achsen programmierbare Manipulatoren definiert, die für verschiedene Zwecke (Mehrzweck) eingesetzt werden können und die entweder mobil oder fest installiert für Anwendungen in der industriellen Automatisierung eingesetzt werden. Die genaue Bedeutung einer Wiederprogrammierbarkeit ist, dass programmierte Bewegungen und Hilfsfunktionen ohne physische Veränderungen modifiziert werden können. Der Einsatz zu verschiedenen Zwecken kann hingegen eine physikalische Anpassung erforderlich machen, die sich auf das mechanische System bezieht. Die Roboterachsen definieren den Arbeitsraum, in dem ein Roboter arbeiten kann sowie die Anzahl der Freiheitsgrade. Dabei werden Industrieroboter entsprechend ihrer mechanischen Struktur (Kinematik) in sieben Gruppen unterschieden: „Linearroboter" (auch kartesische und Portalroboter), „SCARA Roboter", „Knickarmroboter", „Parallelroboter", „Roboter mit zylindrischem Arbeitsraum", „Sonstige" und „nicht eingestuft" (vgl. Abb. 3.4).

3.2 Aufgaben und Herausforderungen der Intralogistik

Nach der offiziellen Definition des Fachverbandes Fördertechnik und Logistiksysteme und des Forums Intralogistik des Verbands Deutscher Maschinen- und Anlagenbau e. V. (VDMA) umfasst die Intralogistik „die Organisation, Steuerung, Durchführung und Optimierung des innerbetrieblichen Materialflusses, der Informationsströme sowie des Warenumschlags in Industrie, Handel und öffentlichen Einrichtungen" (VDMA 2014). Die intralogistischen Aufgaben beinhalten somit alle Prozesse, die im Wareneingang, bei der Lagerung, Sortierung, Kommissionierung, Verpackung sowie im Warenausgang, bei der Verladung und dem Warenumschlag anfallen. Neben der Materialflussseite zählt auch die

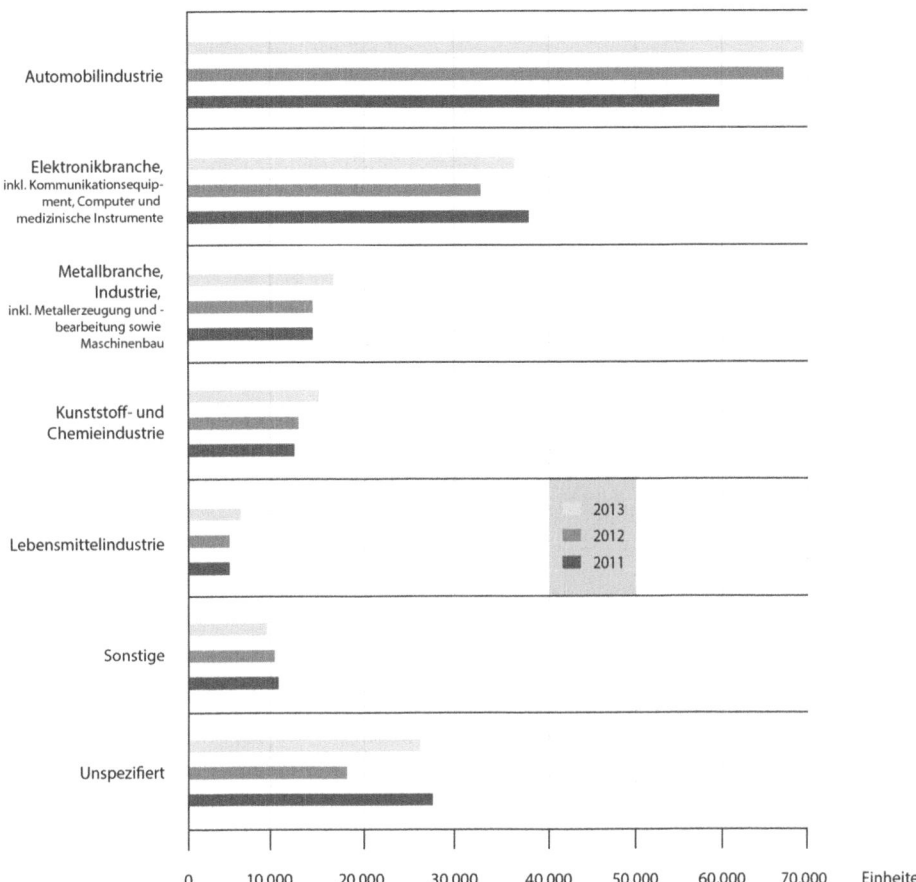

Abb. 3.2 Geschätzte weltweite Lieferungen industrieller Roboter nach Branchen. (Quelle: Eigene Darstellung nach IFR 2014, S. 82)

„organisatorische, steuerungs- und softwaretechnische Vernetzung sämtlicher Prozesse" (ebd.) zu den Aufgaben der Intralogistik. Dieses Kapitel beschreibt die Entwicklung der Intralogistikbranche und greift verschiedene Herausforderungen auf, denen sich die Branche sich stellen muss, um die Relevanz und das Potenzial des Einsatzes von Automatisierungstechnik und Robotik in der Intralogistik zu verdeutlichen. Andere Bereiche der Logistik werden hier nicht betrachtet, da die Anwendungsfelder für Robotik in der Logistik vornehmlich in der Intralogistik zu finden sind.

Der Umsatz der Branche ist bis zum Jahr 2013 stetig gestiegen und hat sich 2014 bei etwa 19 Mrd. € stabilisiert (vgl. Abb. 3.5). Die Prognosen des VDMA sehen für 2015 eine Steigerung von gut 2 % voraus. Diese Entwicklung spiegelt sich auch in den Beschäftigungszahlen wieder. Nach ca. 110.000 Beschäftigen in 2012, arbeiteten gemäß VDMA im Jahr 2013 etwa 116.000 Personen in der Intralogistikbranche. Für 2014 wurden die Beschäftigten auf 117.500 geschätzt (vgl. VDMA 2015), von denen 96 % über eine abge-

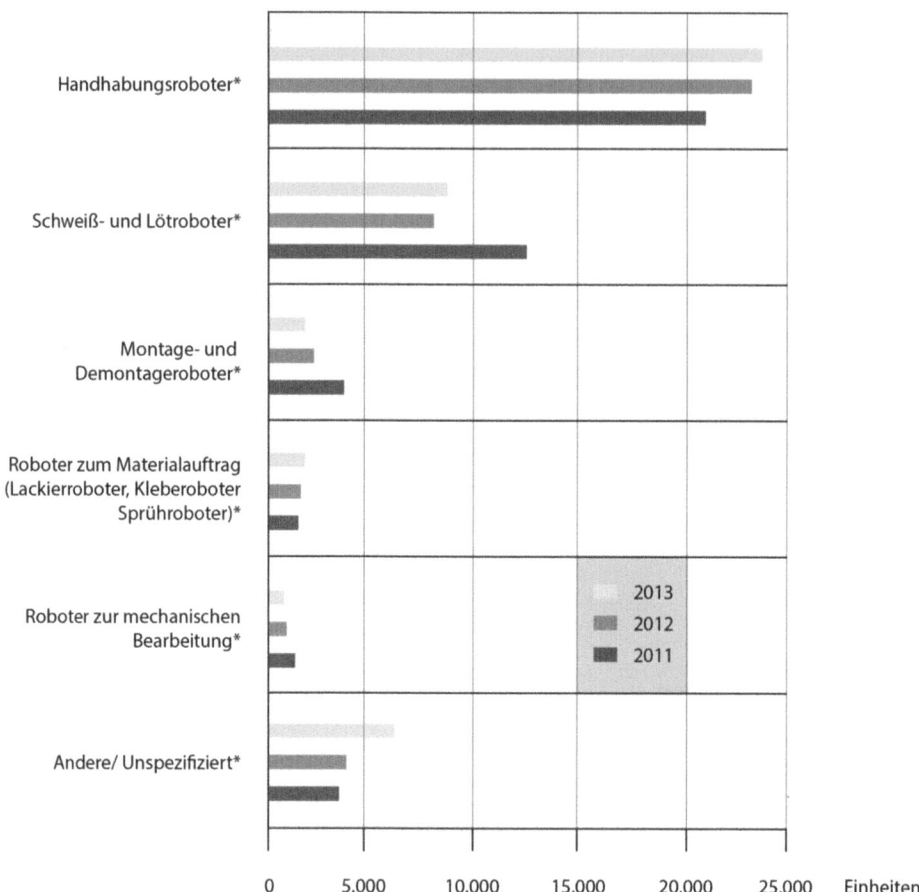

Abb. 3.3 Geschätzte jährliche Lieferung von Industrierobotern in Europa, unterteilt nach Anwendungen. (Quelle: Eigene Darstellung nach IFR 2014, S. 239)

schlossene Berufsausbildung oder einen Hochschulabschluss verfügen (vgl. Intralogistik Netzwerk BW 2015).

Mit einem Volumen von 13 Mrd. € behaupteten deutsche Hersteller intralogistischer Systeme im Berichtsjahr 2013 deutlich vor China mit 10,1 Mrd. € und den USA mit 7,4 Mrd. € ihre weltweite Vormachtstellung (vgl. Abb. 3.6). Das Wachstum der Branche und der Grad an qualifizierten Mitarbeitern verdeutlichen die Wertigkeit der Intralogistik für den Standort Deutschland (vgl. Intralogistik Netzwerk BW 2015).

Ein Treiber für Innovationen und Optimierungen der Branche ist die Globalisierung und damit die zunehmende Internationalisierung der Märkte (vgl. Handfield et al. 2013, S. 8). Dabei stehen die Unternehmen vor neuen Herausforderungen, wie beispielsweise der Beachtung unterschiedlicher staatlicher Regularien oder dem Umgang mit unzulänglichen Infrastrukturen (vgl. ebd., S. 15). Die Globalisierung führt demnach zu komplexeren und in der Folge unsteteren Logistiksystemen, die beherrscht werden müssen (vgl. ebd.,

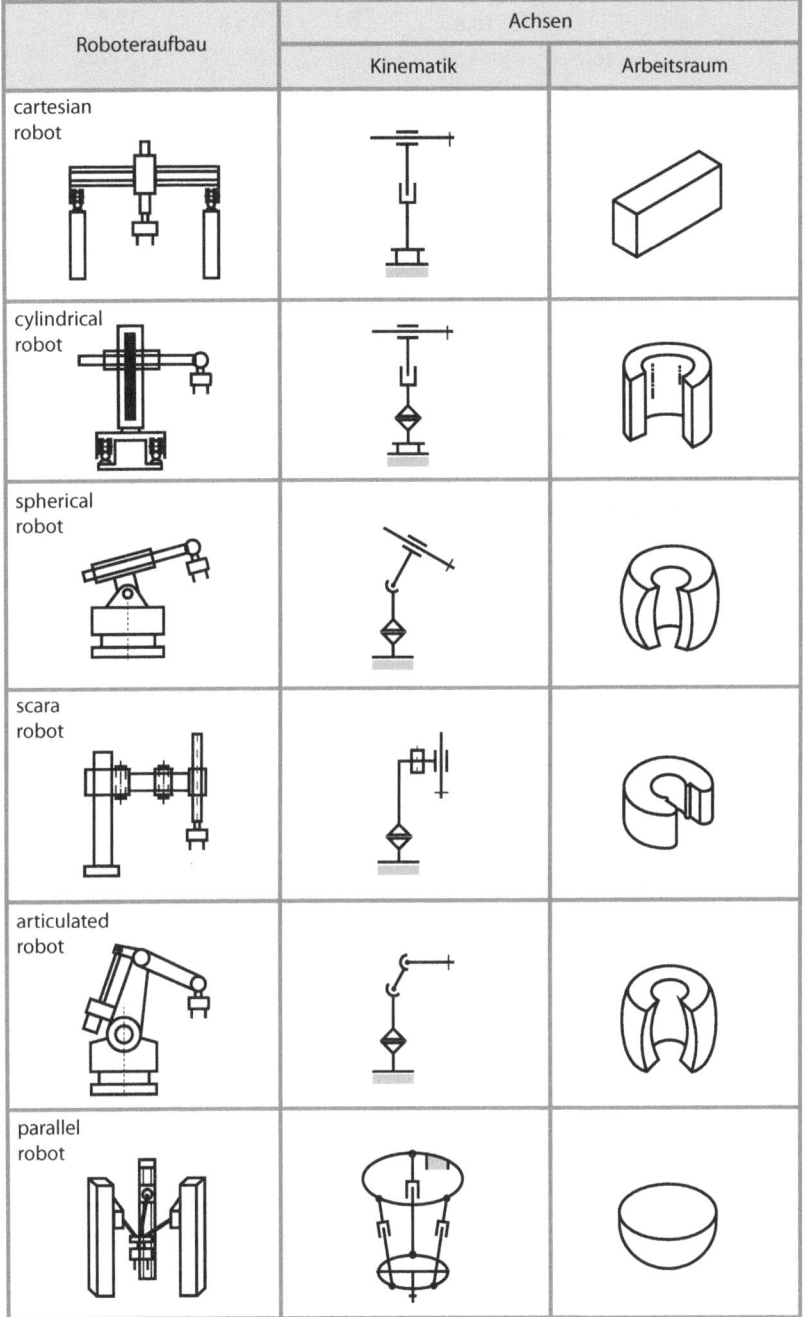

Abb. 3.4 Klassifizierung von Industrierobotern nach ihrem mechanischen Aufbau. (Quelle: Hesse 2013, S. 408)

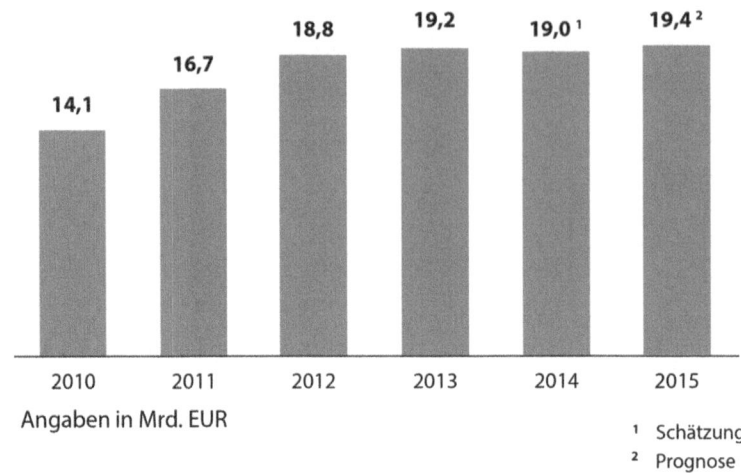

Abb. 3.5 Umsatzentwicklung der deutschen Intralogistikbranche. (Quelle: Eigene Darstellung nach VDMA 2015, S. 1)

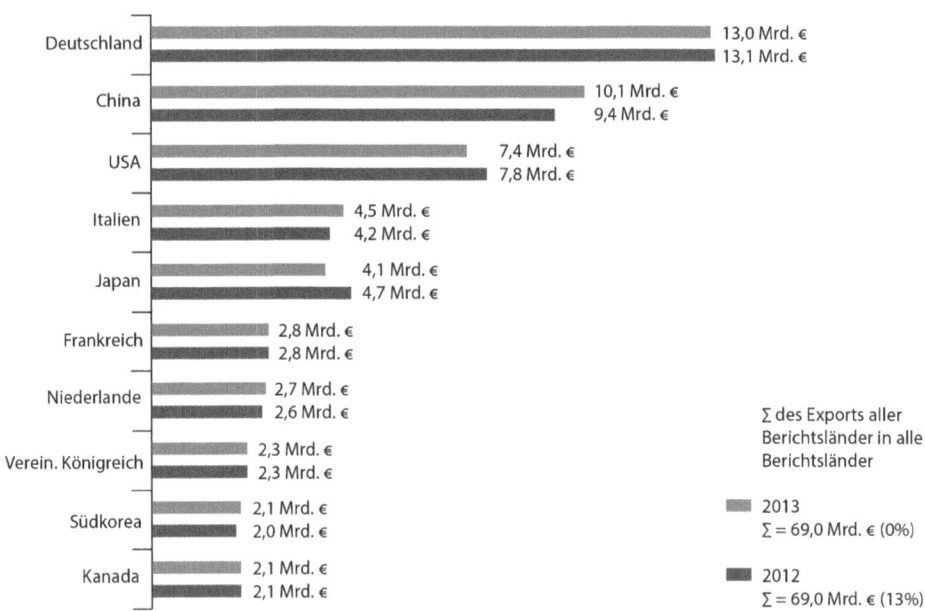

Abb. 3.6 Exporte im internationalen Vergleich. (Quelle: Eigene Darstellung nach VDMA 2015, S. 2)

S. 26). Dabei steigt das Welthandelsvolumen auf Grund der geographischen Entkopplung von Rohstofferzeugung und Herstellung sowie von Anbietern und Abnehmern deutlich stärker an als die weltweite Produktion (vgl. Hahn-Woernle 2010, S. 9). Die Globalisierung führt „zu einem starken Anstieg des Güterumschlags an logistischen Knotenpunkten mit internationaler Bedeutung" (ebd., S. 10). Ein zahlenmäßiger Beleg: Die im Straßenverkehr transportierte Beförderungsmenge lag in Deutschland 2013 bei über 2,9 Mrd. t (vgl. Kraftfahrt-Bundesamt 2014a, S. 5). Davon wurden im Zeitraum von Juli 2013 bis Juli 2014 insgesamt ca. 46,6 Mio. t Post und Pakete von inländischen LKW befördert (vgl. Abb. 3.7).

Um den weiter wachsenden Bedarf an Transporten effizient zu gestalten, müssen die Ladevolumina möglichst gut ausgeschöpft werden. Die Intralogistik kann zu den diesen Anforderungen einen entscheidenden Beitrag leisten (vgl. Hahn-Woernle 2010, S. 11), da diese die hierfür entscheidenden Prozesse umfasst.

Des Weiteren erhöht sich die Informationstransparenz der Warenströme des internationalen Handels seit Mitte der neunziger Jahre, durch den in den Industrieländern heutzutage flächendeckenden Zugang zum World Wide Web, stetig. Sämtliche Informationen können abgebildet werden, was zur Folge hat, dass die Erwartungshaltung der Geschäftskunden und Endverbraucher in Bezug auf die Lieferqualität steigt. Zudem wächst der Kostendruck auf die Branche, da die transparent einzusehenden Leistungen der Logistikdienstleister gut vergleichbar sind (vgl. Hahn-Woernle 2010, S. 10). Als eine Folge dieser Entwicklung verschärft sich der Wettbewerb in der Branche und die Anforderungen, auch in Bezug auf Servicezusatzleistungen wie beispielsweise einen CO_2-neutralen Transport, steigen. Die Angebote der Logistikdienstleister sind, entsprechend der Kundenwünsche, immer weniger auf standardisierte und massenhafte Leistungen ausgerichtet, sondern vielmehr individuell auf den Kunden zugeschnittene Lösungen. Dieser Trend führt zu einer Erhöhung der Komplexität der Lieferketten (vgl. Handfield et al. 2013, S. 15 ff.).

Die Branche begegnet den Entwicklungen unter anderem mit dem Einsatz von Lager- und Kommissionieranlagen, Robotersystemen sowie informations- und kommunikationstechnischen Systemen. Dabei ist zu beachten, dass Logistikkontrakte oft kurze Laufzeiten

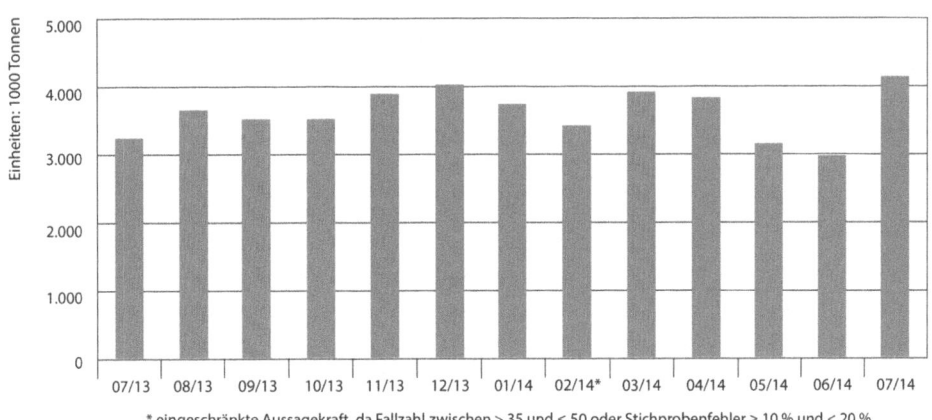

Abb. 3.7 Verkehr deutscher Lastkraftfahrzeuge – Gesamtverkehr- nach Güterabteilungen (NST 2007) – Post, Pakete. (Quelle: Eigene Darstellung nach Kraftfahrt-Bundesamt (2014b) und Kraftfahrt-Bundesamt (2015))

haben und die Erreichung des Return on Investment vor Beendigung der Kontraktlaufzeit in diesem Zusammenhang eine große Herausforderung ist und mit einer höchstmöglichen Verfügbarkeit und täglichen Einsatzzeit der Systeme einhergeht (vgl. Keller 2014). Die technischen Anlagen müssen unter den beschriebenen Herausforderungen effizient eingesetzt werden können oder so flexibel sein, dass sie an Aufgabenstellungen neuer Kontrakte angepasst werden können.

3.3 Einsatzfelder für Roboter in der Intralogistik

Der technische Fortschritt der vergangenen Jahrzehnte führte zu einer Optimierung der industriell eingesetzten Robotersysteme. Durch die Verwendung von neuen Materialien wurde das Eigengewicht der Roboter reduziert und damit die Dynamik erhöht. Die Antriebskomponenten konnten bei gleichbleibender Leistung immer kompakter gestaltet werden. Weiterführend wurde der Arbeitsraum der Roboter vergrößert und die Bedienbarkeit im Bereich der Steuerungstechnik verbessert. Als Folge hat sich die Gesamtperformance der Systeme verbessert und Roboterbewegungen können effizienter gestaltet werden. Gleichzeitig ist eine Steigerung der transportierbaren Nutzlast erreicht worden. Diese Entwicklungen, die zu einer Produktivitätssteigerung der Systeme führten, konnten auch die Anzahl ihrer Einsatzmöglichkeiten deutlich erhöhen (vgl. Jacob 2004, S. 5). Seit den 1980er Jahren werden industrielle Roboter auch für logistische Anwendungen, vorzugsweise für intralogistische Aufgaben im Rahmen von Transport-, Handhabungs-, Lagerungs-, und Verpackungstätigkeiten eingesetzt (vgl. Kapoun 1986, S. 215). Die Hauptanwendungen von Roboterlösungen in der Umschlaglogistik liegen somit vor allem in Pick-and-Place-Aufgaben bei der Kommissionierung, Palettierung, Depalettierung, Verpackung und Sortierung definierter Stückgüter (vgl. Fritsch und Wöltje 2006, S. 623), wobei Anwender/-innen den primären Einsatzort im „Palettieren und Depalettieren von Stückgütern" sehen (Rohde et al. 2012, S. 24). Dieses Kapitel zeigt nachfolgend auf, wie sich der Markt für Roboter in der Logistik entwickelt hat und wo Hemmnisse und Potenziale eines Robotereinsatzes zur Erfüllung intralogistischer Aufgaben liegen.

Weltweit wurden 2013 mehr als 5700 Palettierroboter und knapp 13.000 Kommissionier- und Verpackroboter ausgeliefert (vgl. Abb. 3.8). Dies macht an der Gesamtzahl der ausgelieferten Industrieroboter für 2013 einen Anteil von 3,2 % für Palettierroboter und 7,2 % für Kommissionier- und Verpackroboter aus. Weiterführend wird die Gesamtzahl der weltweit im Einsatz befindlichen Palettierroboter von der IFR für 2013 auf ca. 43.000 Palettierroboter und 66.000 Kommissionier- und Verpackroboter geschätzt (vgl. IFR 2014, S. 76).

Am Markt standardmäßig erhältliche Lösungen für Palettier-, Depalettier-, und Kommissionieraufgaben zielen auf einen hohen Standardisierungsgrad der Aufgabenstellung ab und werden in diesem Rahmen erfolgreich eingesetzt. Der Wunsch nach einer durchgängigen Automatisierung hat in der Vergangenheit zu einem „Entwicklungsschub auf vielen Gebieten, wie der Sensorik, der Identifikation, der Robotik sowie der software- und

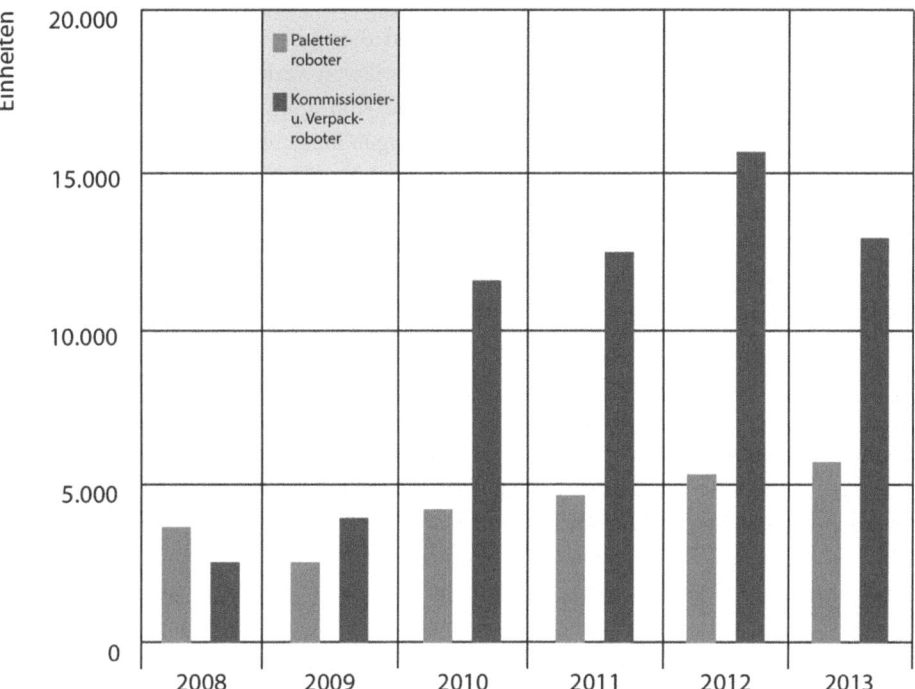

Abb. 3.8 Verkäufe von Industrierobotern für die Intralogistik. (Quelle: Eigene Darstellung nach IFR 2014, S. 71)

steuerungstechnischen Verkettung dieser Komponenten" (Hahn-Woernle 2010, S. 13) und somit zu einer starken Optimierung der Roboterkomponenten und eingesetzten Technologien, geführt. Auch tragen neue Steuerungskonzepte zum Einsatz von Robotik in der Logistik bei – so kann beispielsweise der Einsatz dezentraler Konzepte zu einer höheren Standardisierung führen (vgl. ebd., S. 13), die wiederum den Einsatz von Robotik fördert (vgl. Echelmeyer et al. 2008, S. 2100). Durch den vermehrten Einsatz der industriellen Robotertechnologie in der Logistik wird ein Optimierungspotenzial für Transport- und Handhabungsfrequenzen eröffnet, welches sich durch eine durchgängige Automatisierung über die gesamte Prozesskette ergibt (vgl. ebd., S. 2100). Experten sehen in industrieller Robotertechnologie für die Logistik die Schlüsseltechnologie zur vollständigen Automatisierung, die eine erhöhte Plangenauigkeit und Qualitätsverbesserung ermöglicht (vgl. Rohde et al. 2012, S. 29). Die Maximalleistungen der Einzelanlagen können nur bei optimaler Abstimmung der entsprechenden Arbeitsprozesse erreicht werden.

Besonders die in der Logistik häufig anzutreffende hohe Varianz der Stückgüter und der Einsatzbedingungen erschwert den flächendeckenden Einsatz von Robotik in der Intralogistik (vgl. Echelmeyer et al. 2008, S. 2100). Um unter steigenden Komplexitätsansprüchen die Flexibilität der Systeme zu gewährleisten, kann der Einsatz modularer Robotersysteme fokussiert werden (vgl. Burwinkel und Pfeffermann 2010, S. 21 ff.). Unter modularer Robotik wird die Entwicklung und Konfiguration von Robotersystem-

Architekturen verstanden, die prozessübergreifend die Teilsystem-Komponenten nach einer Modularitätssystematik auslegen und zu fabrikweit verketteten Robotersystemen konfigurieren. Ziel der modularen Robotik ist die Konfiguration von Robotersystem-Architekturen, welche die prozessualen Anforderungen hinsichtlich Individualität, Flexibilität und Erweiterbarkeit erfüllen und dabei vielfach kombinierbare und standardisierte Komponenten und Module verwenden (vgl. ebd., S. 21 ff.).

Wichtige Potenziale für den Einsatz von Robotern in der Logistik sehen Anwender/-innen in der Neugestaltung von Logistikkonzepten, Mehrauslastung und Steigerung der Wettbewerbsfähigkeit (vgl. Rohde et al. 2014, S. 28). Bei der Neugestaltung von Logistikkonzepten liegt ein Potenzial zur Effizienzsteigerung in der Anpassung und Synchronisierung von logistischen Prozessen, die damit aufgrund konkret vorplanbarer Bearbeitungskennzahlen zu einer höheren Plangenauigkeit führen. Durch den Einsatz von Robotern kann weiterhin eine Mehrauslastung erfolgen, wenn die Prozesse derart ausgelegt werden können, dass die Anlagen die Bearbeitungen rund um die Uhr durchführen. Nicht zuletzt kann eine optimale Anpassung der Prozesse an die Bedarfe zu einem Wettbewerbsvorteil ausgebaut werden. Weitere Potenziale sehen Anwender/-innen in der Qualitätssicherung und -verbesserung, Prozesssicherheit und in der Entlastung der Beschäftigten durch eine ergonomische Gestaltung von Arbeitsplätzen (vgl. Rohde und Pfeffermann 2014, S. 30). Im letztgenannten Sinn können Aufgabenstellungen mit extremer körperlicher Belastung von Robotern durchgeführt werden. Sie entlasten die Fachkräfte beispielsweise durch die Übernahme des Bewegens schwerer Lasten oder des Arbeitens in „ungünstigen Arbeits- und Umgebungsbedingungen in gekühlten oder gefährlichen Bereichen" (VDI/VDE-Gesellschaft Mess- und Automatisierungstechnik 2000, S. 34). Der positive Effekt der Gestaltung humanerer Arbeitsplätze durch die Anwendung industrieller Roboterlösungen in der Logistik wird durch die Möglichkeit einer Ressourcenumverteilung ergänzt. Diese ermöglicht es, den auf Grund des demografischen Wandels auftretenden Mangel an Fachkräften im Low-end-Bereich teilweise zu kompensieren (vgl. Hahn-Woernle 2010, S. 12). Folglich ergibt sich dadurch eine höhere Effizienz und größere Flexibilität, eine Arbeitsplatzgestaltung nach verbesserten ergonomischen Gesichtspunkten und eine Minimierung von Lohn- und Betriebskosten (vgl. Echelmeyer et al. 2008, S. 2100).

Der Einsatz von Robotern bietet für Logistikdienstleister ergänzende Potenziale, wie zum Beispiel das Angebot von Value Added Services (vgl. Hahn-Woernle 2010, S. 12). Für Logistikdienstleister zählen zu derartigen Services beispielsweise Montageaufgaben, Qualitätskontrollen, Reparaturen, Sendungsverfolgung oder Retourenabwicklungen (vgl. Logistik Knowhow 2014). Ferner kann der Einsatz von Robotersystemen zu einem innovativen Image führen, was Logistiker langfristig zu einem Wettbewerbsvorteil ausbauen können (vgl. Rohde et al. 2012, S. 30).

3.4 Fallbeispiel: Robotiklösungen für eine Aufgabe mit geringer Standardisierbarkeit

Ergänzend zu den oben stehenden Anwendungen, die weitestgehend standardisierte Rahmenbedingungen aufweisen (Kommissionieren, Palettieren, Depalettieren) und den Vorteil haben, dass sie zumeist auf am Markt zur Verfügung stehende Robotersysteme zurückgreifen können, wird hier folgend auf einen wenig standardisierten, logistischen Anwendungsfall eingegangen. Dieser ist durch die Entladung von lose in einer Transporteinheit gelagerten Gütern gekennzeichnet. Wie in Abb. 3.9 dargestellt werden viele Waren, besonders in Überseecontainern, lose und ohne den Einsatz von Ladungsträgern, wie Europaletten, transportiert. Dies gewährleistet eine möglichst gute Ausnutzung des gegebenen Stauraumes.

Den in Abb. 3.9 gezeigten Packsituationen kann durch verschiedene Herangehensweisen begegnet werden:

1. Manuelle Ausführung der Aufgabe
2. Einsatz einer teilautomatisierten Lösung
3. Einsatz einer vollautomatischen, geringkomplexen Lösung
4. Implementierung einer vollautomatisierten, hochkomplexen Lösung

Die Entladung lose gelagerter Stückgüter wird derzeit zumeist manuell vorgenommen. Dabei sind an den Wareneingangstoren oft sogenannte Teleskopförderer installiert, die es den Werker/-innen ermöglichen, das Ende des Förderbands je nach Bedarf in den zu entladenen Raum nachzuführen. Die Güter werden händisch aus der Packsituation gelöst und auf dem Förderband abgelegt. Diese Arbeit ist aufgrund der teilweise hohen Gewichte und der Aufnahmepositionen körperlich stark belastend und wenig ergonomisch. Nicht zuletzt besteht ein Verletzungsrisiko durch herunterstürzende Güter.

Die Integration einer teilautomatisierten Lösung verfolgt das Ziel, die Werker/-innen in der Ausführung stark belastender Tätigkeiten zu entlasten. Dabei muss das System keine

Abb. 3.9 Beispiele für Packsituationen im Wareneingang. (Quelle: BIBA)

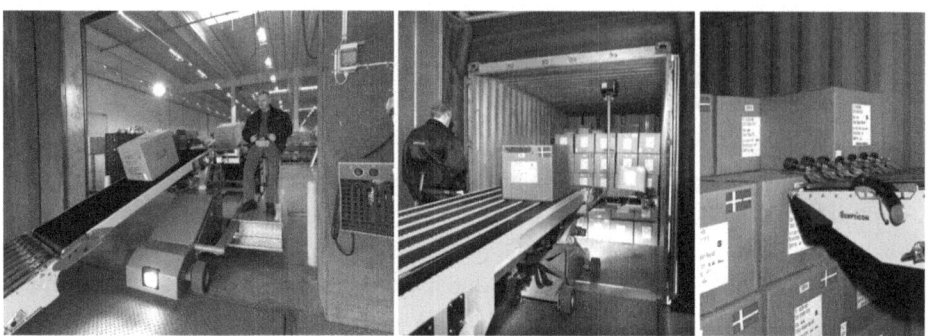

Abb. 3.10 Der Empticon: Ein Beispiel für eine halbautomatische Entladung loser Stückgüter. (Quelle: Qubiqa)

intelligenten Fähigkeiten aufweisen, da der Mensch unter Zuhilfenahme der Maschine die Aufgaben bewältigt (vgl. Abb. 3.10).

Bei Gewährleistung einer definierten Positionierung und einheitlichen Größe der Güter, kann man einem automatisch arbeitenden System definierte Punkte vorgeben, an denen das System jeweils ein Objekt greifen soll. Da die Positionen der Güter während des Transports unvorhersehbaren Änderungen unterliegen können, ist eine derartige Beherrschung dieser Rahmenbedingungen nicht möglich. Somit bietet die Überlegung, durch eine Definition der Objektpositionen ein geringkomplexes, vollautomatisches System einsetzen zu können, in diesem Anwendungsfall keine zufriedenstellende Lösung.

Zur selbstständigen Anpassung an die unvorhersehbaren Bedingungen unterschiedlich großer, unspezifisch gelagerter Stückgüter, muss das Robotersystem in der Lage sein, die Szene zu erkennen, diese zu verarbeiten und selbstständig ein geeignetes Vorgehen zur Entladung zu finden. Der Einsatz eines vollautomatischen Entladesystems erfordert zumeist eine sensorisch hochkomplex ausgestattete Anlage.

> Der Paketroboter beherrscht die vollautomatische Entladung lose geladener Pakete. Das Robotersystem verfügt über ein Fahrgestell, mit dem es sich in die jeweils notwendige Entladeposition bringen kann (vgl. Abb. 3.11). Die gezielte Entladung der quaderförmigen Stückgüter (Pakete) ist durch die Kombination verschiedener Subsysteme möglich: Ein 3D-Laserscanner scannt die Paketlagen im Container-Innenraum. Aus dem Scannerbild werden mithilfe einer speziellen Steuerungs- und Bildverarbeitungs-Software die Greifpunkte und Bewegungsbahnen des Roboters ermittelt.

Systeme, die auch die Entladung nicht definierter Stückgüter beherrschen, sind noch nicht am Markt erhältlich, sondern werden aktuell in Forschungsvorhaben untersucht und entwickelt. Ein im Rahmen des EU-Projektes RobLog entwickeltes Robotersystem ist in der

Abb. 3.11 Der Paketroboter.
(Quelle: BIBA)

Abb. 3.12 RobLog: Automatische Entladung diverser Stückgüter. (Quelle: RobLog)

Lage verschiedenste Stückgüter, wie unter anderem Pakete, Säcke und Fässer, zu erkennen, die Informationen zu verarbeiten und dem Roboter einen Greifpunkt zur Entladung vorzugeben. Dabei kommen hochkomplizierte Algorithmen zum Einsatz, die auch auf das Lernen des Systems fokussieren (vgl. Abb. 3.12).

3.5 Entwicklungen und Markttrends der Robotik-Logistik gemäß der RoboScan-Studienreihe

Der Markt der „Robotik-Logistik" wird in der seit 2007 vom BIBA – Bremer Institut für Produktion und Logistik GmbH an der Universität Bremen durchgeführten Studienserie RoboScan untersucht. Die Ergebnisse der Expertenbefragungen spiegeln die Entwicklungen des Robotik-Logistik-Marktes wieder, verweisen auf aktuelle Themen und zeigen die verschiedenen Perspektiven der befragten Marktteilnehmer und die Handlungsbedarfe auf.

Die Studie definiert Robotik-Logistik als Handlungsfeld, auf dem Leistungen industrieller Robotertechnologien für die innerbetriebliche Materialfluss- und damit Prozessoptimierung nachgefragt und angeboten werden. Innerhalb dieses Marktes betrachtet RoboScan die Gesamtsicht und die Sichtweise verschiedener Marktteilnehmer: Logistikunternehmen, Berater, Technologieanbieter und Forschungsinstitutionen. Eine Vergleichbarkeit der Studienergebnisse von 2007, 2010 und 2012 zu 2014 ist durch eine ähnliche Fragestellung und Auswertungssystematik gewährleistet (vgl. Burwinkel und Pfeffermann 2010; vgl. Pfeffermann et al. 2007; vgl. Rohde et al. 2012; vgl. Rohde und Pfeffermann 2014).

Die Langzeitbetrachtung der Expertenbefragungen zeigt deutlich, dass Logistikunternehmen immer häufiger Roboterlösungen einsetzen. Gaben 2007 nur 41 % der befragten Logistikunternehmen an, Robotertechnologien einzusetzen, waren es 2012 bereits 47 % und 2014 schon 67 %. Die Relevanz, die der Einsatz von logistischen Automatisierungslösungen für die Studienteilnehmer hat, ist gegenüber 2012 gestiegen. 2014 hält mehr als die Hälfte der Logistikunternehmen einen Einsatz von logistischen Automatisierungslösungen für sich selbst wichtig bzw. für andere Logistikunternehmen (67 %).

Hinsichtlich der Integration der Systeme in die Prozesse wurden durch die Befragten im Rahmen der RoboScan '14 insbesondere drei Szenarien favorisiert:

1. Integration und Inbetriebnahme der Roboterlösung durch ein externes Unternehmen, Betrieb sowie Wartung & Instandhaltung der Roboterzelle ausschließlich durch das eigene Personal (40 %),
2. Integration, Inbetriebnahme sowie Wartung & Instandhaltung der Roboterlösung durch ein externes Unternehmen, Betrieb durch das eigene Personal (32 %),
3. Integration, Inbetriebnahme und Betrieb sowie Wartung & Instandhaltung der Roboterzelle ausschließlich durch das eigene Personal (18 %).

In der Studie 2012 gaben mit 59 % noch beinahe doppelt so viele Befragte das aktuell zweitplatzierte Szenario (Integration und Inbetriebnahme sowie Wartung und Instandhaltung der Roboterzelle durch ein externes Unternehmen, Betrieb durch eigenes Personal) als das Favorisierte an. Neben der Forderung nach Anlagen, die durch das eigene Personal zu betreiben und zu warten sind, bestätigt sich auch die Anwenderprämisse einer „einfachen Bedienung und Programmierung" der Systeme sowie die allgemein am Markt zu beobachtende Entwicklung des Aufbaus und der Erhaltung unternehmensinterner Kompetenzen.

Zu den zentralen Herausforderungen und Grenzen beim Einsatz von Robotertechnologien zählen aus Sicht der Studienteilnehmer 2014 die Sicherheit und Sicherheitsanforderungen, das Handling unterschiedlicher Gegenstände, das Investment beziehungsweise die Wirtschaftlichkeit, der rechtliche Rahmen und die Prozessgestaltung, insbesondere im Kontext der Mensch-Roboter-Interaktion. 2012 wurde an dieser Stelle bemerkt, dass prak-

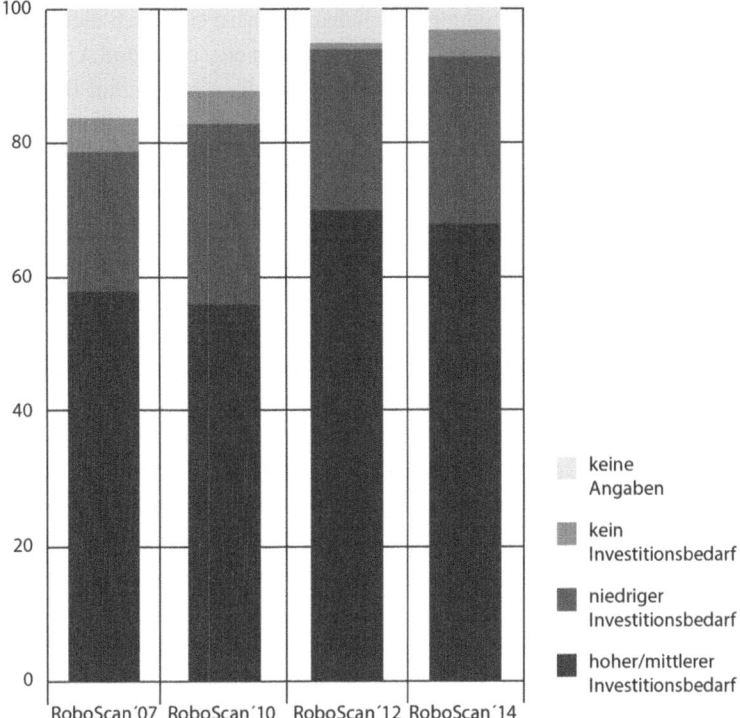

Abb. 3.13 Entwicklung des erwarteten Investitionsvolumens für Roboter in der Logistik, Ergebnisse der RoboScan-Studienserie. (Quelle: Eigene Darstellung nach Burwinkel und Pfeffermann 2010; Pfeffermann et al. 2007; Rohde et al. 2012; Rohde und Pfeffermann 2014)

tische Anwendungen und eine Referenzarchitektur für die Automatisierung in der Logistik sowie die Akzeptanz derartiger Systeme fehlen. Die Ausführung, dass keine zuverlässige technische Lösung am Markt zu finden sei, findet sich im Gegensatz zu 2012 in der aktuellen Studie nicht unter den Antworten. Weiterhin geben 96 % der Befragten an, dass der Einsatz von Automatisierungslösungen für Logistikunternehmen in den nächsten fünf Jahren „wichtig" sein wird. Im Vergleich zu 2012 wird der Investitionsbedarf insgesamt gleichbleibend eingeschätzt (vgl. Abb. 3.13). In der Gruppenauswertung der Logistikunternehmen zeigt sich hingegen ein Anstieg der Relevanz: 2012 sahen 59 % einen hohen Bedarf, 2014 sind es 67 %.

3.6 Fazit

Es ist davon auszugehen, dass Hersteller und Forscher Robotersysteme und ihre Subkomponenten weiter verbessern, neue Technologien und Strategien entwickeln und damit einen rentablen Einsatz auch für bisher nicht automatisierte Prozesse ermöglichen werden.

Neben der Ausweitung der Anwendungsmöglichkeiten wird sich auch die Art des Einsatzes entwickeln – Roboter müssen nicht in abgeschlossenen Zellen ihre Arbeit verrichten, sondern rücken immer mehr an den Arbeitsraum des Menschen heran. Besonders unter dem Druck der demografischen Entwicklung und dem damit einhergehenden Fachkräftemangel steht der kooperative Einsatz von Mensch und Maschine immer mehr im Fokus der Entwicklungen. Die Unterstützung des Menschen beim Handhaben schwerer Lasten oder in nicht ergonomischen Arbeitspositionen, bei gleichzeitiger Nutzung des Wissens und der Erfahrung des Menschen, stellt einen optimalen Kompromiss zwischen den positiven Effekten des Robotereinsatzes und der notwendigen Komplexität einer derartigen Anlage dar. Der zu erwartende Entwicklungsschub dieses Bereichs begünstigt wiederum die Entwicklung neuer Sicherheitskonzepte und Sensortechnologien, die benötigt werden, um den Anforderungen der Arbeitssicherheit gerecht zu werden.

Neben der Optimierung der Handhabungsseite gilt es auf prozessualer Ebene Best-Practices für eine durchgängige Automatisierung logistischer Prozesse zu definieren und zu verifizieren. Die Schaffung und Kommunikation derartiger Prozesskonzepte und ihre erfolgreiche Umsetzung werden die wirtschaftliche und organisatorische Akzeptanz und damit den flächendeckenden Einsatz von Robotertechnologien in der Logistikbranche fördern.

Nicht zuletzt müssen die heutzutage am Markt zur Verfügung stehenden Anlagen an die zukünftigen Anforderungen der Intralogistik angepasst und optimiert werden. Dabei gilt es für die Hersteller Lösungen zu finden, die die Systeme noch sicherer und gleichzeitig rentabel einsatzbar machen, um am Robotermarkt Wettbewerbsvorteile zu sichern. Auch Konzepte für eine Anpassung und Weiterverwendung bestehender Anlagen müssen gefunden werden, um Anlagen langfristig effizient zu gestalten und gegebenenfalls auch zu anderen Zwecken einzusetzen. Hierbei ist der Einsatz von intuitiv zu bedienenden, roboterherstellerunabhängigen Programmierhilfen aussichtsreich.

Abschließend ist festzustellen, dass bereits viele Robotersysteme in der Intralogistik zum Einsatz kommen, eine durchgehende Automatisierung aber zumeist noch nicht erreicht ist und hierin noch ein großes Potenzial besteht. Dabei sind die Varianz der Rahmenbedingungen und die prozessuale Einbindung des Systems bestimmend für die Effizienz des Systems. Die Entwicklung von robusten Systemen, die hochkomplexe Aufgaben lösen können sowie das Voranschreiten der Verzahnung der Arbeit von Mensch und Maschine sind zwei konkrete Entwicklungsfelder, die für die Ausweitung der Anwendungsfälle für Robotik in der Logistik vielversprechend sind.

Literatur

Bischoff, R., Kurth, J., Schreiber, G., Köppe, R., Stemmer, A., Albu-Schäffer, A., Eiberger, O., Beyer, A., Grunwald, G., Hirzinger, G.: Aus der Forschung zum Industrieprodukt: Die Entwicklung des KUKA Leichtbauroboters. at-Automatisierungstech. **58**(12), 670–680 (2010)

Burwinkel, M., Pfeffermann, N.: Die Zukunft der Robotik-Logistik liegt in der Modularisierung. Logist. Unternehm **10**(2010), 21–23 (2010). Springer VDI, Düsseldorf (2010)

Echelmeyer, W., Kirchheim, A., Wellbrock, E.: Robotics-logistics: Challenges for automation of logistic processes. 2008 IEEE International Conference on Automation and Logistics, S. 2099–2103. IEEE, Qingdao (2008). doi:10.1109/ICAL.2008.4636510

Fritsch, D., Wöltje, K.: Roboter in der Intralogistik: Von der Speziallösung zum wirtschaftlichen Standardprodukt. wt Werkstattsstech. Online. **96**(9), 623–630. (2006). doi:ISSN 1436–4980

Hahn-Woernle, C.: Neue Anforderungen für die Logistik des 21. Jahrhunderts. Internet der Dinge in der Intralogistik, S. 9–13. Springer, Berlin (2010)

Handfield, R., Straube, F., Pfohl, H.-Chr., Wieland, A.: Trends and strategies in logistics and supply chain management. DVV Media Group GmbH, Hamburg (2013)

Haun, M.: Handbuch Robotik: Programmieren und Einsatz intelligenter Roboter. Springer, Berlin (2013)

Hesse, S.: Grundlagen der Handhabungstechnik. Hanser, München (2013)

IFR: World Robotics Industrial Robots 2014 (2014)

Intralogistik Netzwerk BW: Wirtschaftliche Bedeutung. http://www.intralogistik-bw.de/die-branche/wirtschaftliche-bedeutung/ (2015). Zugegriffen: 18. März 2015

ISO 8373:2012(en): Robots and robotic devices – Vocabulary. ISO/TC 184/SC 2 (2012-03-01) https://www.iso.org/obp/ui/#iso:std:55890:en (2012). Zugegriffen: 18. März 2015

Jacob, D.: Roboter in der Automobilindustrie. Münchner Wissenschaftstage (2004)

Kapoun, J.: Roboter in der Logistik. Selbstverlag, Lausanne (1986)

Keller, R.: Faszination Logistik – Entwicklungen in der Intralogistik Branche. http://www.ssi-schaefer.de/blog/intralogistik-trends/intralogistik-entwicklung/ (2014). Zugegriffen: 02. Feb 2014

Kraftfahrt-Bundesamt: Verkehr deutscher Lastkraftfahrzeuge (VD) Gesamtverkehr. Dezember 2013, VD 5. http://www.kba.de/SharedDocs/Publikationen/DE/Statistik/Kraftverkehr/VD/2013_monatlich/vd5_201312_pdf.pdf?__blob=publicationFile&v=3 (2014a). Zugegriffen: 06. Mai 2015

Kraftfahrt-Bundesamt: Verkehr deutscher Lastkraftfahrzeuge – Monatsergebnisse im Jahr 2013. http://www.kba.de/DE/Statistik/Kraftverkehr/deutscherLastkraftfahrzeuge/Monatsergebnisse/2013/2013_node.html;jsessionid=47497F6B26E4A64C581EEA05A3852877.live2052 (2014b). Zugegriffen: 06. April 2015

Kraftfahrt-Bundesamt: Verkehr deutscher Lastkraftfahrzeuge – Monatsergebnisse im Jahr 2014. http://www.kba.de/DE/Statistik/Kraftverkehr/deutscherLastkraftfahrzeuge/Monatsergebnisse/2014/2014_node.html (2015). Zugegriffen: 06. April 2015

Ledermann, T.: Partikel-Schwarm-Optimierung zur Objektlageerkennung in Tiefendaten. IPA-IAO Forschung und Praxis, Dissertation. Jost-Jetter, Heimsheim (2012)

Logistik Knowhow: Value Added Services. http://logistikknowhow.com/value-added-services/ (2014). Zugegriffen: 27. März 2015

Pfeffermann, N., Echelmeyer, W., Scholz-Reiter, B.: RoboScan'07. Study regarding the developments, potentials and further fields of the activity of robotics-logistics for service and intralogistics. Springer VDI (2007)

Rohde, A.-K., Pfeffermann, N.: RoboScan'14. Studienergebnisse der Onlinebefragung zum Markt der Robotik-Logistik. BIBA (2014)

Rohde, M., Pallasch, A.-K., Pfeffermann, N.: RoboScan'12. Studienergebnisse der Onlinebefragung zum Markt der Robotik-Logistik. Springer VDI (2012)

VDI/VDE-Gesellschaft Mess- und Automatisierungstechnik: Robotik 2000. Leistungsstand – Anwendungen – Visionen –Trends. VDI, Düsseldorf (2000)

VDMA: Forum Intralogistik. http://www.forum-intralogistik.org/de/ueberuns/definitionintralogistik/ (2014). Zugegriffen: 16. Oct 2014

VDMA: Zahlenkompass 2014/2015. http://foerd.vdma.org/documents/105812/1005415/Zahlenkompass%20Intralogistik%202014-2015/869338c9-01cc-45b4-9460-680342099f90 (2015). Zugegriffen: 02. Feb. 2015

Ann-Kathrin Rohde ist wissenschaftliche Mitarbeiterin am BIBA – Bremer Institut für Produktion und Logistik an der Universität Bremen im Forschungsbereich „Intelligente Produktions- und Logistiksysteme". Sie erlangte den Grad der Diplom-Ingenieurin im Rahmen ihres Studiums der Produktionstechnik an der Universität Bremen und ergänzte diesen durch ein Studium an der FernUniversität in Hagen im Bereich Patente. Zu ihren Forschungsschwerpunkten gehören die Erfassung und Analyse logistischer Systeme, die Kommunikation wissenschaftlicher Ergebnisse sowie die Konzeption von anwendungsorientierten Automatisierungslösungen für die Logistik. Ann-Kathrin Rohde begleitete das Forschungsprojekt „Robotik in der Logistik – zielgruppenspezifische Weiterbildung für Fachkräfte und Entscheidungsträger/-innen (RobidLOG)" seitens des BIBA auf technischer Ebene.

Berufswissenschaftliche Erkenntnisse aus dem Projekt RobidLOG

Frank Molzow-Voit und Florian Plönnigs

Inhaltsverzeichnis

4.1	Einleitung	44
4.2	Hintergrund und theoretischer Kontext	44
4.3	Logistikunternehmen und Zielgruppen der Weiterbildungsmaßnahme	45
	4.3.1 Logistikunternehmen	45
	4.3.2 Zielgruppen	46
4.4	Berufswissenschaftliche Erhebungen	47
	4.4.1 Das berufswissenschaftliche Forschungsinstrumentarium	48
	4.4.2 Methodische Umsetzung im Projekt RobidLOG	48
	4.4.3 Erhebungsergebnisse am Fallbeispiel eines Unternehmens	50
4.5	Workshop zur Ermittlung von Kernarbeitsprozessen	53
4.6	Ergänzungen zu den gewonnenen Erkenntnissen	56
	4.6.1 Hemmnisse	57
	4.6.2 Amortisation und Wertschöpfung	57
	4.6.3 Flexibilität und Team-Lösungen	57
	4.6.4 Arbeitsorganisation und Technologiebezug in beruflichen Weiterbildungen	58
4.7	Fazit	58
	Literatur	59

F. Molzow-Voit (✉) · F. Plönnigs
Institut Technik und Bildung (ITB), Universität Bremen,
Bremen, Deutschland
E-Mail: molzow-voit@uni-bremen.de

F. Plönnigs
E-Mail: ploennigs@uni-bremen.de

© Springer Fachmedien Wiesbaden 2016
F. Molzow-Voit et al. (Hrsg.), *Robotik in der Logistik*, DOI 10.1007/978-3-658-08575-9_4

4.1 Einleitung

Die Auseinandersetzung mit der Robotertechnik als flexible Automatisierungslösung unter dem Gesichtspunkt beruflicher Aus- und Weiterbildung ist nicht neu. Der zunehmende Einsatz von Industrierobotern wurde bereits vor über 25 Jahren von der Arbeits- und Berufspädagogik aufgegriffen, um den Stellenwert von Qualifikationsfragen und Gestaltungsmöglichkeiten auf Fachkräfteebene gegenüber ingenieurswissenschaftlichen Sichtweisen herauszuarbeiten (vgl. Bachl 1986; vgl. Fischer und Lehrl 1991).

Robotik-Anwendungen kommen zunehmend auch in der Logistik zum Einsatz (vgl. Rohde 2015 in diesem Band). Hierbei können Warenströme, die einen hohen Standardisierungsgrad aufweisen, mittels Robotertechnologien weitgehend automatisiert werden und versprechen beschleunigte Arbeitsprozesse bei wachsenden Umsätzen. Allerdings zeichnen sich logistische Aufgabenstellungen durch einige Spezifika aus: Handhabungsgüter und Prozesse sind oft nicht standardisiert. Insbesondere KMU setzen die Technologie nur zögerlich ein, da sie als zu komplex, unbeweglich und kostspielig wahrgenommen wird. Zudem bestehen Widerstände auf verschiedenen betrieblichen Funktionsebenen, die auf den zu erwartenden Veränderungen im Unternehmen beruhen.

In dem anwendungsorientierten Forschungsprojekt RobidLOG wurde eine zielgruppenspezifische Weiterbildung für Fachkräfte und Entscheidungsträger/-innen konzipiert und umgesetzt. Diese soll beide Gruppen gleichermaßen dazu befähigen, in Arbeits- und Geschäftsprozessen mit Robotik-Anwendungen kompetent, reflektiert und gestaltend umzugehen. Der Beitrag stellt die mit berufswissenschaftlichen Forschungsmethoden gewonnenen Erkenntnisse zum Umgang mit Robotiklösungen auf der Basis von Betriebsfallstudien in fünf Logistikunternehmen vor. Gegenstand der Fallstudien waren somit die differenzierten Herausforderungen, die Fachkräfte und Betriebsleiter/-innen in Bezug auf die Einführung und Umsetzung von Robotiklösungen beschreiben. Ebenso entfaltet werden die erhobenen Hemmnisse und Informationsbedarfe verschiedener Zielgruppen für eine erfolgreiche Implementierung von Robotik in der Logistik.

4.2 Hintergrund und theoretischer Kontext

Die Einführung neuer Technologien wie bspw. das Internet der Dinge, d. h. eine „autonome Steuerung logistischer Objekte, selbstständige Ressourcen-Allokation und die resultierende Selbstorganisation" (ten Hompel und Heidenblut 2006, S. 102), bietet Möglichkeiten der Effizienzsteigerung für logistische Prozesse. Darauf bezogene Qualifikationsentwicklungen für berufliche Tätigkeiten in der Automobil- und Distributionslogistik wurden bereits von Windelband et al. (2012) analysiert. Mithilfe berufswissenschaftlicher Untersuchungen ließ sich dabei feststellen, dass die gegenwärtig begrenzte Umsetzung des Internet der Dinge die Arbeitsprozesse derzeit nur vereinzelt und die damit einhergehenden Qualifikationsanforderungen nur geringfügig verändert. Während die Prozessüberwachung stark an Bedeutung gewinnen wird, können Handlungsspielräume für die mittlere Beschäftigungsebene geringer werden (vgl. ebd., S. 179 ff.). Grundsätzlich ist festzuhalten, dass es bei dem fortschreitenden Einsatz der Informations- und der Automatisierungstechnik um neue Formen der Arbeitsteilung zwischen Mensch und Maschine geht, die es zu gestalten gilt.

Für die innerbetriebliche Materialfluss- und damit Prozessoptimierung durchdringen auch Industrieroboter vermehrt den Logistiksektor, bereits 67 % der Unternehmen setzten im Jahr 2014 auf diese Technologie (vgl. Rohde und Pfeffermann 2014, S. 10 f.). Die Studie auf Basis einer Onlinebefragung wirft dabei die Frage nach neuen Arbeitsmodellen für den Einsatz von Mensch-Maschine-Interaktionen auf. Im Gegensatz zum bislang noch wenig etablierten Internet der Dinge lässt sich aus den Studienergebnissen zum ausgeprägten Einsatz der Robotik in der Logistik zumindest annehmen, dass hier veränderte Arbeitsaufgaben entstanden sind bzw. ein entsprechender Qualifizierungsbedarf für die bevorstehende Implementierung der Robotertechnologie besteht. Um dies aber inhaltlich beantworten zu können, ist es unumgänglich, die betrieblichen Gegebenheiten der Beschäftigten in den Blick zu nehmen. Somit ist zu ermitteln, in welchen betrieblichen Bereichen Robotiklösungen genau eingesetzt werden und welche Konsequenzen dies für alle Beteiligten hat. Daher müssen die betreffenden Logistikunternehmen und die jeweiligen Zielgruppen genauer untersucht werden.

4.3 Logistikunternehmen und Zielgruppen der Weiterbildungsmaßnahme

4.3.1 Logistikunternehmen

Gemäß der Zielstellung, Personal vorrangig aus Logistik-KMU der Metropolregion Bremen-Oldenburg zu qualifizieren, die bereits Robotik einsetzen oder planen, die Technologie zukünftig einzuführen, wurden Betriebsfallstudien in fünf Unternehmen durchgeführt. Diese sind in den Bereichen:

- Umschlaglogistik,
- Handelslogistik,
- Produktionslogistik und
- Kontraktlogistik

tätig und werden im Folgenden kurz skizziert.

Unternehmen 1 ist ein in Bremen gegründetes, mittelständisches Unternehmen mit dem Schwerpunkt Kaffeelogistik und strebt nach einer Vollautomatisierung des Entladeprozesses von Kaffeesäcken aus Seefracht-Containern. Diese Überlegung beruht zum einen auf dem Wunsch, eine Effizienzsteigerung durch verkürzte Entladezeiten zu erreichen. Zum anderen soll eine ergonomische Arbeitsplatzgestaltung verwirklicht werden. Hierbei betont das Unternehmen die Notwendigkeit technologiebezogener Mitarbeiterqualifizierungen, um eine Roboterlösung nachhaltig und kompetent nutzen zu können.

Das Zentrallager von Unternehmen 2 gilt als das logistische Service- und Kompetenzcenter eines Konzerns mit über 200.000 Mitarbeitern, der mehrere Großhandels- und Einzelhandelsunternehmen vereinigt. Am Standort in Nordrhein-Westfalen werden Warenlieferungen angenommen, kommissioniert und weiterversandt. Hier kommt bereits eine Roboterlösung zum Einsatz, die das vollautomatische Entladen sowie das darauf folgende sortenreine Stapeln von standardisierten Paketgrößen ausführt.

Unternehmen 3 ist ein Anbieter von Gleitschutz- und Verschleißschutzschichten sowie Reibbelägen für die Automobilindustrie. Dieses Unternehmen setzt bislang keine Robotik ein. Das Unternehmen kann sich die Entwicklung einer Roboterlösung innerhalb der Produktionslogistik im Bereich der Endverpackung jedoch vorstellen. Gegen die Implementierung von Roboterlösungen sprechen bislang vor allem Aspekte der Produktionsorganisation, wie bspw. die Ausrichtung auf lineare Bewegungen und eine Amortisation innerhalb eines Jahres.

Unternehmen 4 ist ein KMU, das biegeschlaffe Silikonprodukte herstellt und bereits einen Industrieroboter besitzt. Dieser wird jedoch derzeit nicht innerhalb der Produktion eingesetzt, da die roboterspezifischen Freiheitsgrade nicht benötigt werden. Die Fertigung der Silikonprodukte kann durch Verwendung von automatisierten Systemen flexibler und kostengünstiger gestaltet werden und findet daher auch durchgängige Anwendung innerhalb der Produktion. Der Umstand, derzeit gebundenes Personal für die Programmierung und Anwendung der Robotertechnik qualifizieren zu müssen, steht dem grundsätzlichen Interesse am wirtschaftlichen Einsatz des vorhandenen Roboters entgegen.

Unternehmen 5, ein Großunternehmen, betreibt einen Logistik-Komplex mit über 200.000 Palettenstellplätzen exklusiv für ein großes deutsches international tätiges Konsumgüter- und Einzelhandelsunternehmen. Auf dem Betriebsgelände des Logistikunternehmens befinden sich drei Hochregallagerblöcke von jeweils 146 m Länge, 70 m Breite und 42 m Höhe sowie drei fördertechnisch angebundene Multifunktionshallen mit einer Fläche von 30.000 Quadratmetern. Zu den angebotenen Leistungen gehören neben der Lagerung, Distribution und Kommissionierung auch die Direkt- und Nachversorgung von Verkaufsstellen sowie die Retourenbearbeitung.

4.3.2 Zielgruppen

Um innovative Weiterbildung zur Robotik in der Logistik auf den Weg zu bringen, verfolgt das Projekt den Ansatz eines zielgruppenspezifischen Weiterbildungsangebots. Hierbei steht die Vermittlung ganzheitlicher Kompetenzen anhand spezifischer Inhalte und konkreter Anwendungsfälle im Vordergrund. Die Zielgruppen sind:

- Entscheidungsträger/-innen auf den Ebenen:
  - Geschäftsführung und
  - technische Leitung sowie
- Anwender/-innen der Robotiklösungen als:
  - Ausgebildete Fachkräfte, Meister/-innen und Techniker/-innen sowie
  - An- und Ungelernte.

Das zu konzipierende Qualifizierungsangebot wird modular gestaltet, um den verschiedenen betrieblichen Funktionsebenen und Hierarchiestufen zugänglich zu sein und fokussiert in differenzierter Ausprägung auf die Erhöhung der Entscheidungs- sowie der Fachkompetenz der genannten Zielgruppen.

Aus diesen Ausführungen geht bereits hervor, dass die einzelnen Logistikunternehmen jeweils eigene Anwendungsfelder für Robotiklösungen innerhalb ihrer Betriebsabläufe gewählt haben und daran auch verschiedene Zielgruppen beteiligt sind. Eine diesbezüglich gestaltete Weiterbildungsmaßnahme setzt jedoch eine vertiefte Analyse, Beschreibung und Einordnung der Logistikfacharbeit mit Robotern anhand von Best-Practice-Beispielen voraus. Durch die Anwendung berufswissenschaftlicher Instrumente werden somit konkrete Arbeitsprozesse ermittelt, die als Grundlage für die Qualifizierung der oben genannten Zielgruppen dienen.

4.4 Berufswissenschaftliche Erhebungen

Um die Organisationsstrukturen in den Logistikunternehmen sowie die für den Einsatz von Robotern nötigen Qualifikationsanforderungen ermitteln zu können, bedarf es eines darauf abgestimmten Forschungsdesigns. Folgende Fragestellungen standen dabei im Mittelpunkt der berufswissenschaftlichen Erhebungen:

- In welchen Unternehmensbereichen werden Robotik-Anwendungen eingesetzt und wie sehen die Arbeitsprozesse mit den dazugehörigen Inhalten beruflicher Facharbeit dabei konkret aus?
- Welche Herausforderungen entstehen bei der Implementierung und dem Betrieb von Roboterlösungen für Entscheidungsträger/-innen und Fachkräfte?
- Welche Kompetenzen werden im Umgang mit der Roboterlösung benötigt und wie lassen sich diese in eine zielgruppenspezifische, modulare Weiterbildungsmaßnahme überführen?

4.4.1 Das berufswissenschaftliche Forschungsinstrumentarium

Zur Erläuterung der erhebungspraktischen Umsetzung ist es zunächst notwendig, das Gesamtinstrumentarium der berufswissenschaftlichen Forschung zu betrachten. Dies sind im Wesentlichen vier verschiedene Instrumente, die entsprechend der jeweiligen Fragestellung und Zielsetzung zum Einsatz kommen. Hierzu zählen die Sektoranalysen, Fallstudien, Arbeitsprozessanalysen und Experten-Facharbeiter-Workshops wie Tab. 4.1 veranschaulicht.

Zur Erhebung von Inhalten beruflicher Facharbeit innerhalb unbekannter Domänen empfiehlt sich generell ein Vorgehen von außen nach innen, d. h. beginnend bei der Sektoranalyse (geringstes Vorwissen erforderlich) und endend bei einer Arbeitsprozessanalyse (Vorwissen über Domäne bzw. Arbeitsgegenstände notwendig). Experten-Facharbeiter-Workshops nehmen in diesem Rahmen eine Sonderstellung ein, da „sie bereits die Gestaltung und Strukturierung von Curricula zum Ziel haben" (Becker und Spöttl 2008, S. 70).

4.4.2 Methodische Umsetzung im Projekt RobidLOG

Bei genauerer Betrachtung und Fokussierung auf das Arbeitsprozesswissen der Fachkräfte lässt sich das Augenmerk auf zwei Instrumente richten: die Fallstudien sowie Arbeitsprozessanalysen. Fallstudien eignen sich in besonderer Weise dazu, vorhandene Potenziale zur Realisierung von Roboterlösungen innerhalb der Logistik zu erkennen, denn: „Fallstudien sollen die für einen Sektor relevanten Arbeitszusammenhänge, -aufgaben und -prozesse sowie die Organisationsstrukturen auf der „shop floor"-Ebene erschließen helfen. Um ein genaueres Bild davon zeichnen zu können, sind ein oder mehrere gleichgelagerte Unternehmen (…) zu untersuchen, die z. B. über (…) relevante Technologie (…) verfügen." (ebd., S. 88).

Als Bestandteil der Fallstudien wurden Analysen der unternehmensspezifischen Aufgaben und Aufträge sowie Betriebsbegehungen in den fünf Logistikunternehmen durchgeführt. Die so gewonnenen Erkenntnisse dienen als Grundlage der im Anschluss erfolgenden Arbeitsprozessanalysen, welche wie folgt charakterisiert werden können: „Arbeitsprozessanalysen haben zum Ziel, das Arbeitsprozesswissen und dessen Entstehung zu erschließen (…) Arbeitsprozessanalysen konzentrieren sich auf Kompetenzen, über die arbeitende Personen verfügen und auf Bedingungsfaktoren, die zur Entwicklung dieser beruflichen Kompetenzen führen." (ebd., S. 105 f.).

Ausgehend von einem Verständnis des Arbeitsprozesses als vollständigen Arbeitsablauf zur Erfüllung eines betrieblichen Arbeitsauftrages mit dem Ziel eines Arbeitsergebnisses (vgl. Pangalos und Knutzen 2000, S. 110), ergibt sich für die Analyse, dass alle vor- und nachgelagerten Prozesse sowie der betriebliche Gesamtprozess mit einbezogen werden müssen. In Arbeitsprozessen finden sich betriebliche, gesellschaftliche und individuelle

Tab. 4.1 Berufswissenschaftliche Forschungsinstrumente. (Quelle: Becker und Spöttl 2008, S. 69)

Ebene	Instrument	Methoden
Berufs- und Sektorstrukturen sowie berufsübergreifende Wirkungen	Sektoranalysen	Berufswissenschaftliche Dokumentenanalyse (Sektorberichte, Berufsstatistiken, Literatur, Technische Entwicklungen), Quantitative Erhebungen zur Domäne und Qualifizierungspraxis
Organisationsstrukturen beruflicher Arbeitsprozesse	Fallstudien	Aufgabeninventare, Auftragsanalyse, Betriebsbegehungen, Analyse betrieblicher Abläufe und Kennzahlen
Kompetenzen in Geschäfts- und Arbeitsprozessen	Arbeitsprozessanalysen	Arbeitsbeobachtung, handlungsorientierte Fachinterviews und Expertengespräche
Bedeutung identifizierter Kompetenzen und Arbeitsaufgaben	Experten-Facharbeiter-Workshops	Brainstorming, Metaplantechniken und Fachdiskussionen für die Partizipation, Evaluierung identifizierter Arbeitsaufgaben. Bewertung und Gewichtung der Aufgaben für die entwicklungslogische Anordnung in Berufsbildungsplänen

Anforderungen mit ggf. unterschiedlichen Organisationsformen von Arbeit wider (vgl. Spöttl 2011, S. 14). Folglich sind „die Gegenstände der Arbeit, die Methoden, Werkzeuge, Organisationsformen und Anforderungen an die Facharbeit von Innen (…) und Außen (…) in ihrer Komplexität und ihrer Bedeutung für das Subjekt zu erfassen" (Becker und Spöttl 2008, S. 105). Diese Dimensionen der Facharbeit bzw. des beruflichen Könnens werden bei der Analyse berücksichtigt und spiegeln die Komplexität des Arbeitsprozesses und des im Arbeitsprozess entstehenden Wissens wider. Die Ergebnisse informieren über wichtige Aspekte:

- zur Gestaltung beruflicher Bildungsprozesse und beruflicher Ordnungsmittel (Berufsbildungspläne),
- zur lernförderlichen Gestaltung von Arbeitsprozessen und der Arbeitsorganisation oder
- des Verhältnisses der Mensch-Maschine-Interaktion sowie anderer Arbeitssysteme unter besonderer Berücksichtigung ihrer qualifizierenden tutorialen Qualität (vgl. ebd., S. 106).

Als Methoden innerhalb der Arbeitsprozessanalyse kam das leitfadengestützte Fachinterview in Kombination mit der Arbeitsbeobachtung zum Einsatz (vgl. Tab. 4.1). Interview- und Beobachtungssubjekte waren die oben genannten Zielgruppen, um die auszuübenden Aufgaben ermitteln und die sich stellenden Probleme einschätzen zu können. Die Interviews wurden von zwei Forschern mit Fachbezug durchgeführt und zielten darauf ab, differenzierte Einsichten in Inhalte beruflicher Facharbeit zu erlangen und die Güte der Erhebungsergebnisse zu erhöhen. Ein solches Arrangement dient in der berufswissenschaftlichen Forschungspraxis dazu, Nähe und Distanz zum Forschungsgegenstand methodisch so auszugestalten, dass sich diese vermeintlichen Gegensätze auflösen lassen (vgl. Rauner 2010, S. 103). Der zur Durchführung von Experteninterviews konstruierte Leitfaden orientierte sich am Roboterlebenszyklus und integrierte neben personen- und abteilungsbezogenen Fragen die Bereiche Beschaffung, Implementierung, Inbetriebnahme, Nutzung, Instandhaltung, Entsorgung und Change Management.

4.4.3 Erhebungsergebnisse am Fallbeispiel eines Unternehmens

Im Projekt RobidLOG wurden berufswissenschaftliche Fallstudien und Arbeitsprozessanalysen in den oben genannten fünf Unternehmen durchgeführt. Damit konnten Arbeitsprozesse ermittelt werden, die Qualifikationsanforderungen bei der Bewältigung von Arbeitsaufgaben und betrieblichen Herausforderungen umfassen. Nachstehend werden Erhebungsergebnisse am Fallbeispiel Unternehmen 2 exemplarisch dargestellt.

Im Unternehmen 2 fand im Zuge der Betriebsfallstudie eine Arbeitsprozessanalyse statt. Dabei wurden ein leitfadengestütztes Experteninterview mit der technischen Leitung sowie ein handlungsorientiertes Fachinterview mit zwei Werkern nebst einer Arbeitsbeobachtung des gesamten Bedienprozesses der im Betrieb eingesetzten Roboterlösung durchgeführt. Anhand des Experteninterviews mit der technischen Leitung konnten zunächst Aussagen hinsichtlich der implementierten Robotertechnik und potentieller Herausforderungen ermittelt werden. Das Fachinterview und die Arbeitsbeobachtung lieferten konkrete Erkenntnisse bezüglich der Arbeitsaufgaben beim Einsatz des Roboters. Diese Erhebungsergebnisse werden nachfolgend beschrieben.

Implementierte Robotertechnik
Für das Zentrallager wurde durch das Unternehmen in Kooperation mit einem Robotikhersteller eine Roboterlösung entwickelt, die das vollautomatische Entladen von standardisierten, losen Paketen aus Containern und Wechselbrücken sowie das darauf folgende Erkennen von Paketgrößen und das sortenreine Stapeln ermöglicht. Diese beiden Prozesse werden jeweils von einem Entladeroboter und einem Palettierroboter übernommen. Beide Systeme sind je nach gewünschtem Automatisierungsgrad auch einzeln nutzbar. Der Entladeroboter ist ein System zur vollautomatisierten Entladung von losen standardisierten Stückgütern aus Containern und Wechselbrücken. Das Fahrgestell ist an ein Teleskopförderband gekoppelt, das den Roboter in den Container führt. Das Entladen wird durch die Kombination eines Bilderkennungssystems mit dem Roboter realisiert. Ein 3D-Laserscanner erfasst die Kontur des Containers und die Paketlagen im Containerinnenraum. Diese Scannerdaten werden auf einen PC übertragen, um potentielle Greifpunkte und eine dazugehörige Trajektorie mittels Bildverarbeitung zu ermitteln. Die Greifpunkte werden auf Erreichbarkeit und die Trajektorien auf Kollisionsfreiheit überprüft. Über eine solche Steuerung wird das Greifen kubischer Pakete unterschiedlicher Größen mit einem Gewicht von bis zu 30 kg ermöglicht. Befinden sich Pakete außerhalb des Roboterarbeitsraumes, fährt das Robotersystem auf einem lenkbaren Fahrgestell zum optimalen Standort und entlädt dort weiter. Das System nutzt einen Teleskopgurtführer zu seiner Positionierung und zum Abtransport der Pakete. Nach dem Greifen erfolgt das Ablegen auf einem Förderband, welches die Pakete dem Palettierroboter zuführt.

Der Palettierroboter basiert auf einem Standard-Knickarmroboter und kann um eine zusätzliche Verfahrachse und einen Vakuumgreifer erweitert werden. Der für diese Applikation entwickelte Greifer bedient sich einer stufenlosen Verstellmechanik, die das Verarbeiten des kompletten Paketspektrums erlaubt. Die Paketgröße wird an der Übergabeposition erkannt und das Paket so dem entsprechenden Palettenplatz zugeordnet. Anschließend orientiert der Roboter das beliebig liegende Paket und legt es auf seiner Position millimetergenau ab. Das System arbeitet mit RFID und Barcode-Erkennung.

Herausforderungen bei der Implementierung der Robotertechnik
Die grundlegende Entscheidung, eine Roboterlösung für den Entlade- und Palettierprozess zu implementieren, erfolgte durch die kaufmännische Abteilung des Unternehmens.

Ausschlaggebend waren einerseits Standing und Prestige („Imagepflege"), was durch die Verwendung eines modernen vollautomatisierten Entlade- und Palettiersystems an Bedeutung gewinnen würde. Andererseits wurden aber auch Qualität und Kontinuität des Logistikprozesses betont sowie die allgemeinen ökonomischen Aspekte einer Rationalisierung berücksichtigt. Die stärksten Herausforderungen traten hinsichtlich einer Unflexibilität der Roboterlösung auf. So wurde bereits im Vorfeld angenommen, dass aufgrund fehlender standardisierter Prozesse nur ein gewisser Teil von Paketen bzw. Kartons gehandhabt werden kann und es bedingt durch schräg liegende Pakete zu Ausfällen der Anlage käme. Die Bediener/-innen benannten kaum Hemmnisse. Ihnen wurde bereits vor der Implementierung der Roboterlösung mitgeteilt, dass sie entweder mit dem Robotersystem arbeiten oder aber einen anderen Arbeitsplatz innerhalb des Zentrallagers erhalten würden, jedoch in keinem Fall entlassen werden. Eine anfangs leichte Ablehnung speiste sich aus der Erschließung der „neuen Materie" und der damit verbundenen Arbeitsaufgaben bezüglich der Informationsverarbeitung und -aufnahme. Insgesamt wird der Umgang der Werker/-innen mit der Robotik aber als „motiviert" bezeichnet. Die arbeitserleichternden, ergonomischen Eigenschaften der Roboterlösung und die innerbetriebliche Anerkennung im Zuge der Zusammenarbeit mit dieser Technologie wurden von den Fachkräften positiv bewertet.

Arbeitsprozesse im Umgang mit der Robotertechnik
Zu den Arbeitsaufgaben der Werker/-innen im Umgang mit der Robotik zählen:

- Verinnerlichung des gesamten Prozessablaufs von der Entladung bis zur Palettierung,
- Sicherer Umgang mit den Bedienelementen der Roboterlösung,
- Berücksichtigung aller Sicherheitsaspekte,
- Herstellung einer manuellen Druckluftversorgung beim „Stromausfall-Szenario",
- selbstständiges Beheben geringfügiger Störungen, die bspw. durch schief liegende Kartons verursacht werden.

Der Großteil der Instandhaltungsaufgaben wurde an einen externen Dienstleister ausgegliedert. Hier besteht ein Wartungsvertrag, der eine jährliche Inspektion vorsieht. Es existiert allerdings auch ein innerbetrieblicher Wartungsplan, welcher unter Zuhilfenahme der Bedienungsanleitung des Herstellers regelmäßig angewendet wird. Diese Wartung wird ausschließlich von der technischen Leitung und einem weiteren Facharbeiter durchgeführt, jedoch nicht von den Bediener/-innen. Zu den Inhalten dieses Wartungsplans zählen:

- allgemeine optische Kontrolle sämtlicher Baugruppen,
- Schmieren von Lagern und Gelenken der Robotertechnik,
- Schrauben an bewegten Teilen wie dem Fahrgestell nachziehen,
- vorhandenes Spiel bspw. an Gleitlagern kontrollieren,
- Ein- und Ausbau pneumatischer Elemente bspw. Wegeventile,

- Beseitigung von Verunreinigungen,
- Booten des Rechners am Bedienterminal.

Organisierte Robotik-Schulungen der Bediener/-innen erfolgten bislang nicht. Förderung und Ausbau benötigter Kompetenzen finden ausschließlich im Selbststudium der Bedienungsanleitung und dem „learning by doing" statt.

Ziel der Arbeitsbeobachtungen und handlungsorientierten Fachinterviews von Fachkräften während des Bedienprozesses war die Identifizierung von Arbeitsprozessen im Umgang mit beiden Robotern. Dabei wurden folgende Arbeitsprozesse identifiziert:

1. Vorarbeiten erledigen: Kartonagen auf Lage und äußere Beschädigungen kontrollieren und Container am Teleskopförderband exakt ausrichten, um störungsfreie Bewegung des Roboters im Innenraum sicherzustellen,
2. Daten einpflegen: Eingabe von für den Entlade-Prozess relevanten Containerdaten (Containervolumen und -größe) in das Bedienterminal und anschließender Start des Entladeprozesses,
3. Paletten kontrollieren und freigeben: Kontrolle der Lage entladener Paletten und Freigabe zur weiteren Bearbeitung des Palettierroboters über das Bedienterminal.

Die so erhobenen Daten wurden gemeinsam mit den Ergebnissen aus den weiteren Fallstudien in einem folgenden Workshop aufbereitet und ausgewertet. Die zu entwickelnde Weiterbildungsmaßnahme zeichnet sich daher durch die Verknüpfung von Arbeitsprozessen, Grundlagen der Robotik und spezifischen Anwenderzuschnitten für die verschiedenen Zielgruppen aus.

4.5 Workshop zur Ermittlung von Kernarbeitsprozessen

In einem eintägigen Workshop an der Universität Bremen, an dem Berufswissenschaftler/-innen, Wirtschaftsingenieure/-innen und Entwickler/-innen von Robotik-Anwendungen beteiligt waren, konnten die Erhebungsergebnisse aus den Betriebsfallstudien und Arbeitsprozessanalysen zusammen geführt werden. Ziel war es, die jeweils unterschiedlichen Anwendungsfelder der Robotertechnik in den fünf Logistikunternehmen zu betrachten und dabei diejenigen Arbeitsprozesse zu auszumachen, welche für die Bewältigung beruflicher Arbeitsaufgaben herausfordernd und lernförderlich sind. Dabei wurde deutlich, dass die Facharbeit an Robotern der Umschlag-, Handels-, Produktions- und Kontraktlogistik sich betriebsbedingt leicht voneinander unterscheiden kann. Demgegenüber ließen sich jedoch auch unternehmens- und spartenübergreifende Gemeinsamkeiten feststellen, die ihren Ursprung in der Bedienung, Instandhaltung und Einbindung der Robotertechnik in die jeweiligen Betriebe haben. In Anlehnung an Grantz et al. (2009) wurden aus den ermittelten Arbeitsprozessen durch Clustering fünf exemplarische Kernarbeitsprozesse sowie eine Einführung für den Umgang mit Robotiklösungen in der Logistik identifiziert. Abbildung 4.1 stellt diese überblicksartig dar, im Anschluss daran werden sie kurz erläutert.

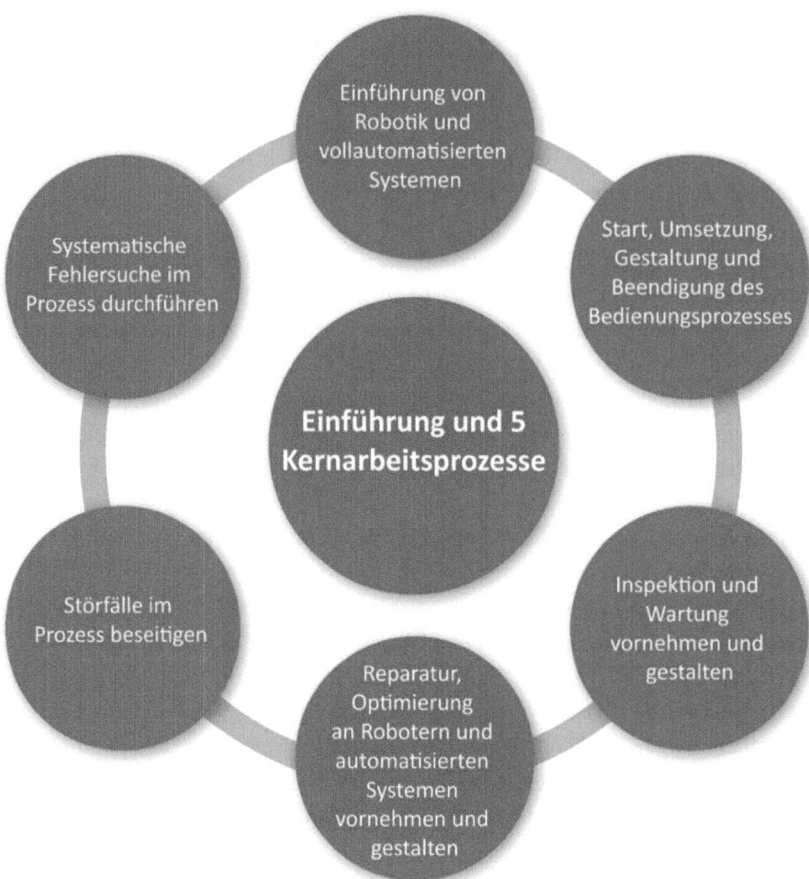

Abb. 4.1 Kernarbeitsprozesse beim Einsatz von Robotik in der Logistik. (Quelle: Blings et al. 2014, S. 29)

Einführung von Robotik und vollautomatisierten Systemen
Bei der Einführung von Roboterlösungen geht es auf verschiedenen Arbeitsebenen darum, sich über die Grundlagen der Beschaffung, Einsatzmöglichkeiten und die bevorstehenden betrieblichen Veränderungsprozesse zu informieren, welche diese Technologie betreffen bzw. durch diese hervorgerufen werden. Die Arbeits- und Geschäftsprozesse verändern sich durch die Einführung von Robotiklösungen. Die Kommunikation der Veränderungen sowie die Mitgestaltung der Veränderungen durch die Beschäftigten auf allen Ebenen sind wesentliche Elemente eines Change Managements. Neben betriebswirtschaftlichen Grundlagen zählen somit auch motivationale Elemente und die Ermöglichung einer transparenten Betriebskultur hinsichtlich anstehender Veränderungen durch Automatisierung zu den benötigten Kenntnissen zur Einführung einer Robotertechnologie.

Kernarbeitsprozess: Start, Umsetzung, Gestaltung und Beendigung des Bedienungsprozesses
Der Bedienungsprozess umfasst den Ablauf von der Warenannahme bis zur -übergabe. So zählt es zu den Hauptaufgaben der Bediener/-innen eines Roboters, die Anlage gemäß dem betrieblichen Auftrag vorzubereiten und den ordnungsgemäßen Ablauf zu überprüfen und aufrechtzuerhalten. Hierzu ist das Kennen formaler Warendokumentationen ebenso notwendig wie der verantwortungsbewusste und sicherheitsrelevante Umgang mit Bauteilen des Roboters sowie die Bedienung der Schnittstelle zur eingebundenen Software.

Kernarbeitsprozess: Inspektion und Wartung vornehmen und gestalten
Die Durchführung von Instandhaltungsaufgaben zählt für Facharbeiter/-innen im Umgang mit Robotik-Anwendungen und Automatisierungslösungen zu den zentralen Arbeitsaufgaben. Das Lesen von Instandhaltungs- oder Wartungsplänen und die normenkonforme Durchführung der daraus resultierenden Aufgaben gehören zu den elementaren Aspekten dieses Kernarbeitsprozesses. Gleichzeitig ist es notwendig, vorausschauend zu handeln und insgesamt den Ablauf der dazugehörigen Geschäftsprozesse zu unterstützen.

Kernarbeitsprozess: Reparatur und Optimierung an Robotern und automatisierten Systemen vornehmen und gestalten
Die Reparatur von im Betriebsablauf auftretenden Schäden und die Verbesserung bzw. Optimierung zählen neben der Inspektion und Wartung zu den wichtigsten technischen Prozessen im Umgang mit der Robotik. Abgrenzend dazu sind bei der Durchführung der Reparatur oder Optimierung einer automatisierten Anlage jedoch auch gute Kenntnisse über die verwendeten mechanischen, elektrischen sowie hydraulischen und pneumatischen Bauteile notwendig. Der sichere Umgang mit Spezialwerkzeugen für steuerungstechnische Elemente und die Bedienung von Werkzeugmaschinen gilt als Voraussetzung zur Erfüllung der hier beschriebenen Anforderungen.

Kernarbeitsprozess: Störfälle im Prozess beseitigen
Die schnelle Behebung von Unterbrechungen im Betriebsablauf sowie die Delegation von reparaturrelevanten Störfällen führen zu einem effizienten und damit wirtschaftlichen Einsatz von Robotik. Für Bediener/-innen sind die Kenntnisse über die Grundfunktionen der automatisierten Anlage und häufig auftretende Fehler, das betriebliche Fehlermanagement sowie die ordnungsgemäße Dokumentation dieser von enormer Bedeutung.

Kernarbeitsprozess: Systematische Fehlersuche im Prozess durchführen
Bei schwerwiegenden Problemen und komplexeren Störfällen an automatisierten Anlagen ist es notwendig, systematisch und strukturiert vorzugehen. Abgrenzend zur oben beschriebenen Entstörung sind zur systematischen Erörterung der Fehlersituation gute bis sehr gute Kenntnisse der Anlagenfunktionen ebenso notwendig wie das Wissen um die

Funktionsweise der mechanischen, elektrischen, hydraulischen und pneumatischen Bauteile. Die systematische Diagnose im Prozess auftretender Störungen nebst Fehlersuche ist ebenso wie die Entstörung Teil des betrieblichen Fehlermanagements.

Die beschriebenen Kernarbeitsprozesse bilden strukturell wie inhaltlich die Gestaltungsgrundlage zur Konzipierung der Weiterbildungsmaßnahme. Die daraus entstandenen Module finden sich bei Blings (2015) in diesem Buch.

4.6 Ergänzungen zu den gewonnenen Erkenntnissen

Aus der Durchführung berufswissenschaftlicher Erhebungen in den Logistikunternehmen und dem anschließenden Workshop zur Ermittlung der Kernarbeitsprozesse liegen zentrale Ergebnisse zur Qualifizierung der jeweiligen Zielgruppen vor. Daneben konnten übergeordnete Erkenntnisse zu Entscheidungsaspekten gewonnen werden, Roboter in der Logistikfacharbeit unter Berücksichtigung der betrieblichen Strukturen effizient und kompetenzorientiert einzusetzen. In diesem Zusammenhang fand im Juni 2014 eine Informationsveranstaltung des Projekts RobidLOG zum Status quo der Robotik in der Logistik statt.

Die Impulsvorträge von Vertretern aus Forschung, beruflicher Weiterbildung und Wirtschaftsunternehmen der Logistikbranche mit anschließender Diskussion widmeten sich folgenden Themen:

- Vorstellung des Projekts RobidLOG unter Berücksichtigung der aktuellen Ergebnisse,
- Forschungsstand im Bereich der Robotik in der Logistik des Bremer Instituts für Produktion und Logistik GmbH an der Universität Bremen (BIBA),
- Entwicklung einer kognitiven Roboterlösung in der Logistik (Projekt RobLog),
- Einsatzmöglichkeiten und Potenziale der Robotik in der Logistik.

Durch die Reflexion der aus dem Projekt RobidLOG resultierenden Ergebnisse und der innerhalb der Informationsveranstaltung diskutierten Ansätze konnten elementare Aussagen und Erkenntnisse bezüglich des Einsatzes von Robotik in der Logistik wie folgt thesenhaft zusammengefasst werden.

4.6.1 Hemmnisse

Auch wenn eine Robotiklösung zur Humanisierung von körperlich stark belastender Arbeit verstanden und eingesetzt werden kann, haftet ihr stets das Element der Rationalisierung an. Der Roboter wird dementsprechend möglicherweise nicht als Hilfe, sondern als Konkurrent um den eigenen Arbeitsplatz verstanden. Der Abbau so entstandener Ressentiments stellt für die Unternehmen eine erhebliche Herausforderung dar. Gleichzeitig wird unter Verdeckung möglicher positiver Aspekte für das Individuum ein effizientes Arbeiten oder gar die Etablierung dieser Technologie gegebenenfalls verhindert. Um dem entgegen zu wirken, müssen alle beteiligten Hierarchieebenen im Unternehmen gemeinsam, beispielsweise durch Teilhabe am Veränderungsprozess, in die Implementierung eingebunden werden.

4.6.2 Amortisation und Wertschöpfung

Viele Unternehmen innerhalb der Logistikbranche unterliegen kurzen Auftragszyklen mit befristeten Lieferverträgen und einer damit einhergehenden nicht dauerhaften Prozessstruktur. Die Amortisation von in der Beschaffung teuren Robotiklösungen wird hierdurch deutlich erschwert bzw. nicht ermöglicht, da oftmals ein Amortisationszeitraum von nur einem Jahr angestrebt werden muss. Am Beispiel des Unternehmens 3 wurde dieser Aspekt markant. Des Weiteren weisen logistische Arbeitsprozesse im Vergleich zum Bereich der industriellen Serienfertigung eine geringere Wertschöpfung auf. Intralogistische Prozesse, die zum Großteil aus dem De-/Palettieren und Kommissionieren bestehen, sind deutlich kostengünstiger als die der Produktion (z. B. maßgenaues Schweißen, Brennen, Kleben, Schneiden bei Gewährleistung hoher Oberflächengüte) und deshalb häufig gewinnbringender durch den Menschen zu verrichten. Dies ändert sich erst, wenn die Vorzüge eines Roboters bei sich ständig wiederholenden Prozessschritten mit hoher Positioniergenauigkeit zunehmend an Bedeutung gewinnen.

4.6.3 Flexibilität und Team-Lösungen

Robotiklösungen werden im Regelfall für sehr spezielle Prozesse und damit stark begrenzt entwickelt und eingesetzt. In der Logistik fehlt es jedoch zumeist an standardisierten Materialflüssen, was z. B. durch unterschiedliche Paketgrößen/-materialien oder Entladungsräume deutlich wird. Ohne Standardisierung dieser Materialflüsse erweist sich eine Robotiklösung häufig als unflexibel und verursacht dadurch hohe Kosten. Beim Vorliegen eines potentiellen Einsatzfeldes werden die Vorteile einer Team-Lösung zwischen Mensch und Maschine im Vergleich zur Vollautomatisierung schnell ersichtlich. So können beispielsweise beschädigte Stückgüter nur sehr schwer von einem Roboter sensorisch erfasst werden. Die Fähigkeit des Menschen kann hier sinnvoll ergänzend eingesetzt werden. Beim Reagieren auf umweltbedingte Unregelmäßigkeiten (z. B. durch den Tast-, Seh- oder Geruchssinn) ist der Mensch der Technik überlegen. Kognitive Robotiksysteme vermögen diese Aufgaben bislang nicht zufriedenstellend zu erfüllen. Weitere Bereiche für den potentiellen Einsatz von Team-Lösungen stellen die Arbeitsaufgaben im Umgang mit Gefahrgut und schweren Gütern dar. Hier kann eine Roboterlösung in Zusammenarbeit mit dem Menschen zu einer Humanisierung der jeweiligen Arbeit beitragen. Zur effizienten und humanen Nutzung von Robotertechnologie bietet sich also eine Mensch-Maschine-Lösung an, um von den Vorteilen beider zu profitieren.

4.6.4 Arbeitsorganisation und Technologiebezug in beruflichen Weiterbildungen

Wie in den Unternehmen 1 und 5 vorgefunden, lassen sich in Großunternehmen der Logistikbranche gelegentlich stark hierarchisch ausgeprägte Arbeitsorganisationen identifizieren. Mit dem Fokus auf die mögliche Etablierung von Robotiklösungen können sich hier jedoch Fälle ergeben, die einer effizienten Nutzung im Wege stehen. So ist das Arbeitsprozesswissen, z. B. in Bereichen wie der Instandhaltung, ggf. zentral im Bereich der technischen Leitung gebündelt. Es könnte sich jedoch als günstiger erweisen, dieses Wissen auch an die Bediener/-innen weiterzugeben, damit diese bspw. Wartungsaufgaben auch eigenständig vor Ort durchführen können. Somit ließen sich Zeit- und Arbeitskosten reduzieren. Die Einbindung kompetenter Bediener/-innen in den Instandhaltungsprozess befördert einerseits den effektiven Einsatz von Robotern in der Logistik und bedeutet andererseits eine Wertschätzung des Fachpersonals. Damit wird auch der Gestaltungsanspruch beruflicher Bildung auf der Fachkräfteebene unterstrichen (vgl. Rauner und Spöttl 2002, S. 123 f.). Unterstützt werden könnte diese Dezentralisierung beruflicher Kompetenzen durch die Integration technologischer Inhalte in die Weiterbildung von Logistikfachkräften. Diese beinhalten bislang keine relevanten Themen für die Verwendung von Robotik oder Automatisierungstechnik, vgl. Seifarth und Dederichs (2015) in diesem Band. Hierdurch fehlt es Logistiker/-innen häufig an technischem Hintergrundwissen. Die Annahme, dass es an qualifiziertem Fachpersonals zur Nutzung einer solchen Technologie mangelt, ist besonders in Führungsebenen stark verbreitet und wirkt somit einer Implementierung entgegen.

4.7 Fazit

Der zunehmende Einsatz von Robotern in Logistikunternehmen stellt Entscheidungsträger/-innen und Fachkräfte vor neue Herausforderungen, die sich in veränderten Geschäfts- und Arbeitsprozessen niederschlagen. Unternehmen versprechen sich von der Technik und mit der Abkehr von traditionellen und etablierten Formen der Logistikprozesse Wettbewerbsvorteile und das Erschließen neuer Geschäftsfelder. Damit solche Entscheidungen jedoch ökonomisch erfolgreich sind, muss die damit einhergehende, gravierende Veränderung der betrieblichen Abläufe genau geplant und die Belegschaft mit eingebunden werden. Die im Projekt RobidLOG entwickelte und durchgeführte Weiterbildungsmaßnahme für die genannten Zielgruppen reagiert genau auf diese Problemstellung.

Eine fundierte berufswissenschaftliche Erforschung der Qualifikationsanforderungen und Inhalte beruflicher Facharbeit im Umgang mit Robotertechnik in verschiedenen Logistikunternehmen bildete dafür die Grundlage. Aus den in diesem Beitrag identifizierten Kernarbeitsprozessen lässt sich ein didaktisches Konzept zur Umsetzung der zielgruppenspezifischen Weiterbildungsmaßnahme entfalten. Darauf aufbauend kann den verschiedenen Qualifizierungsbedarfen mit passfähigen Weiterbildungsmodulen begegnet werden.

Vor allem klein- und mittelständische Unternehmen des Logistiksektors steht die Implementierung von Robotik- und Automatisierungslösungen noch bevor. Somit bieten sich eine zukünftige Beobachtung des Sektors und das Auffinden weiterer Best-Practice-Beispiele für die Gestaltung und den Transfer entsprechender Weiterbildungsmaßnahmen an.

Literatur

Bachl, W.: Qualifizierung an Industrierobotern. Springer, Berlin (1986)
Becker, M., Spöttl, G.: Berufswissenschaftliche Forschung. Ein Arbeitsbuch für Studium und Praxis. Peter Lang, Frankfurt a. M. (2008)
Blings, J., Molzow-Voit, F., Plönnigs, F., Quandt, M., Rohde, M., Augustin, S.: Zielgruppenspezifische, modulare Weiterbildungskonzepte. Einsatzpotential von Robotik in der Logistik. Product. Manag. **19**(2):28–30 (2014)
Blings, J.: Kernarbeitsprozesse beim Robotereinsatz im Betrieb als inhaltliche Grundlage für Weiterbildung – didaktische Überlegungen. In: Molzow-Voit, F., Quandt, M., Freitag, M., Spöttl, G. (Hrsg.) Robotik in der Logistik, S. 63–77. Springer Gabler, Wiesbaden (2015)
Fischer, M., Lehrl, W.: Industrieroboter. Entwicklung und Anwendung im Kontext von Politik, Arbeit, Technik und Bildung. Donat, Bremen (1991)
Grantz, T., Schulte, S., Spöttl, G.: Lernen im Arbeitsprozess oder: Wie werden Kernarbeitsprozesse (berufspädagogisch legitimiert) didaktisch aufbereitet? In: bwp@ Berufs- und Wirtschaftspädagogik – online, Ausgabe 17, S. 1–18. http://www.bwpat.de/ausgabe17/grantz_etal_bwpat17.pdf (2009). Zugegriffen: 17. Dez. 2014
Pangalos, J., Knutzen, S.: Möglichkeiten und Grenzen der Orientierung am Arbeitsprozess für die berufliche Bildung. In: Pahl, J.-P., Rauner, F., Spöttl, G.. (Hrsg.) Berufliches Arbeitsprozesswissen. Ein Forschungsgegenstand der Berufsfeldwissenschaften, S. 105–116. Nomos, Baden-Baden (2000)
Rauner, F.: Berufsbildungsforschung in den beruflichen Fachrichtungen. In: Pahl, J.-P., Herkner, V. (Hrsg.) Handbuch berufliche Fachrichtungen, S. 87–106. Bertelsmann, Bielefeld (2010)
Rauner, F., Spöttl, G.: Der Kfz-Mechatroniker – Vom Neuling zum Experten. Bertelsmann, Bielefeld (2002)
Rohde, A.-K., Pfeffermann, N.: RoboScan'14. Studienergebnisse der Onlinebefragung zum Markt der Robotik-Logistik. BIBA (2014)
Rohde, A.-K.: Robotik in der Logistik – Einsatzpotenziale, Herausforderungen und Trends. In: Molzow-Voit, F., Quandt, M., Freitag, M., Spöttl, G. (Hrsg.) Robotik in der Logistik, S. 23–42. Springer Gabler, Wiesbaden (2015)

Seifarth, C., Dederichs, F. L.: Logistiktechniker – Neue berufswirksame Weiterbildung für Fachkräfte beim IQ Technikum. In: Molzow-Voit, F., Quandt, M., Freitag, M., Spöttl, G. (Hrsg.) Robotik in der Logistik, S. 113–124. Springer Gabler, Wiesbaden (2015)

Spöttl, G.: Kompetenzmodelle als Grundlage für eine valide Kompetenzdiagnostik. Anforderungen an Theoriebildung und Empirie. In: Fischer, M., Becker, M., Spöttl, G.. (Hrsg.) Kompetenzdiagnostik in der beruflichen Bildung – Probleme und Perspektiven, S. 13–39. Peter Lang, Frankfurt a. M. (2011)

ten Hompel, M. (Hrsg.), Heidenblut, V.: Taschenlexikon Logistik. Springer, Berlin (2006)

Windelband, L., Fenzl, C., Hunecker, F., Riehle, T., Spöttl, G., Städtler, H., Hribernik, K., Thoben, K.-D.: Qualifikationsentwicklungen durch das Internet der Dinge in der Logistik. In: Abicht, L., Spöttl, G. (Hrsg.) Qualifikationsentwicklungen durch das Internet der Dinge. Trends in Logistik, Industrie und „Smart House", S. 103–191. Bertelsmann, Bielefeld (2012)

Frank Molzow-Voit ist wissenschaftlicher Mitarbeiter am Institut Technik und Bildung (ITB) der Universität Bremen in der Abteilung „Arbeitsprozesse und berufliche Bildung". Nach einer Berufsausbildung zum Verfahrensmechaniker für Kunststoff- und Kautschuktechnik und dem Studium der Produktionstechnik an der Hochschule Hannover arbeitete er mehrere Jahre als Produktentwickler in der Automobilzulieferindustrie. Berufsbegleitend absolvierte er ein weiteres Studium der Erwachsenenbildung an der Technischen Universität Kaiserslautern. Zu seinen Forschungsschwerpunkten gehören die Arbeitsprozessorientierung in der beruflichen Bildung sowie die berufswissenschaftliche Ermittlung von Qualifikationsbedarfen gewerblich-technischer Fachkräfte. Im Jahr 2013 initiierte Frank Molzow-Voit das Forschungsprojekt „Robotik in der Logistik – zielgruppenspezifische Weiterbildung für Fachkräfte und Entscheidungsträger/-innen (RobidLOG)".

Florian Plönnigs ist Referendar im Vorbereitungsdienst an der Berufsbildenden Schule Nienburg. Nach seiner Ausbildung zum Industriemechaniker absolvierte er ein Bachelorstudium der gewerblich-technischen Wissenschaften und schloss auch das Studium für ein Lehramt an Berufsbildenden Schulen an der Universität Bremen als Master of Education erfolgreich ab. Von 2013–2014 arbeitete Florian Plönnigs als technischer Mitarbeiter am Institut Technik und Bildung (ITB) der Universität Bremen in der Abteilung „Arbeitsprozesse und berufliche Bildung". Dabei war er an der Durchführung und Auswertung berufswissenschaftlicher Erhebungen im Forschungsprojekt „RobidLOG" maßgeblich beteiligt.

Teil III
Konzeption und Umsetzung

Kernarbeitsprozesse beim Robotereinsatz im Betrieb als inhaltliche Grundlage für Weiterbildung – didaktische Überlegungen

Jessica Blings

Inhaltsverzeichnis

5.1	Kompetenzen für den Umgang mit Robotern im Betrieb	64
5.2	Arbeitsprozesse als Grundlage für die inhaltliche Ausgestaltung von Weiterbildungsmaßnahmen	65
5.3	Didaktische Überlegungen für ein Weiterbildungskonzept auf Basis der Kernarbeitsprozesse	74
5.4	Umsetzung des Weiterbildungskonzeptes in Modulen	74
5.5	Fazit	75
Literatur		76

J. Blings (✉)
Institut Technik und Bildung (ITB), Universität Bremen,
Bremen, Deutschland
E-Mail: blings@uni-bremen.de

© Springer Fachmedien Wiesbaden 2016
F. Molzow-Voit et al. (Hrsg.), *Robotik in der Logistik*, DOI 10.1007/978-3-658-08575-9_5

5.1 Kompetenzen für den Umgang mit Robotern im Betrieb

Kompetenzen werden hier verstanden als Gesamtheit des Wissens und der Fähigkeiten, die Personen handlungsfähig zu machen (vgl. Bernien 1997, S. 24). Kompetenzen sind psychische (kognitive, affektive und psychomotorische) Dispositionen von Subjekten. Durch Kompetenzen erhalten Personen die Möglichkeit, situativ und selbstorganisiert zu handeln.

Im Verständnis von Straka und Macke entstehen Kompetenzen durch die „Gestaltung von externen Bedingungen" und sind gekennzeichnet durch „dauerhafte interne Bedingungen für Handeln und Information" (Straka und Macke 2008).

Seit der Hauptausschussempfehlung des Bundesinstituts für Berufsbildung von 2014 ist das Kompetenzverständnis von beruflicher Handlungskompetenz mit ihrer Unterteilung in Fach-, Methoden-, Sozial- und Personalkompetenz in Ausbildungsordnungen zu übernehmen. Kompetenzen werden hier beschrieben als „die Fähigkeit und Bereitschaft des Einzelnen, Kenntnisse und Fertigkeiten sowie persönliche, soziale und methodische Fähigkeiten zu nutzen und sich durchdacht sowie individuell und sozial verantwortlich zu verhalten. Kompetenz wird in diesem Sinne als umfassende Handlungskompetenz verstanden." (vgl. BIBB 2014).

Dieses Verständnis ersetzt die frühere Zielkategorie „beruflichen Handlungsfähigkeit". Auf der Ebene der Rahmenlehrpläne der Berufsschulen hatte die Kultusministerkonferenz bereits seit 1996 ein Verständnis von beruflicher Handlungskompetenz eingeführt (vgl. KMK 1996/2000). Handlungskompetenzen werden in Verbindung mit für den Beruf charakteristischen Arbeits- und Geschäftsprozessen dargestellt und unterschieden (vgl. Hensge et al. 2009).

Für den Umgang mit der Robotertechnik ist es notwendig, dass Beschäftigte Handlungskompetenzen entwickeln, die sie befähigen, für die vielfältigen Anforderungen eigene Lösungen zu finden. Das bedeutet, dass sie in den Betrieben der Logistik den Umgang mit der Robotertechnik und automatisierten Systemen beherrschen sollen. Die vielfältigen Anforderungen verlangen von den Betrieben eigene und komplexe Lösungen. Die Kompetenzen für den Umgang mit Roboterlösungen müssen kontextbezogenen entwickelt werden können, damit sie Fachkräfte befähigen, Problemlösungen zu erarbeiten. Dazu gehört es, alle Facetten von Handlungskompetenz (Fach-, Methoden-, Sozial-, Personalkompetenz) in der Weiterbildung aufzubauen. Dies ist eine hohe Anforderung, da die Verschränkung von betrieblich-praktischem Lernen mit theoretisch-reflexivem Lernen nicht so intensiv ist wie in der Erstausbildung. Es gilt deshalb, je praxisnäher, authentischer und prozessbezogener Kompetenzentwicklung angelegt wird, umso eher werden die Lernergebnisse neben Fachkompetenz auch kontextbezogene Methoden-, Sozial- und Personalkompetenzentwicklung enthalten.

Die Einführung von Roboterlösungen im Betrieb findet als Veränderungsprozess auf verschiedenen Arbeitsebenen statt. Um bei der Einführung einen gestaltungsorientierten Umgang mit Robotern im Betrieb zu ermöglichen, ist es erforderlich, auf allen Beschäftigungsebenen Kompetenzen aufzubauen, die mit den Veränderungen zu tun haben. Das entwickelte Weiterbildungsangebot zur Robotik in der Logistik ist nicht auf einzelne Beschäftigungsebenen innerhalb eines Unternehmens beschränkt. Zu den möglichen Zielgruppen des Weiterbildungsangebotes zählen neben Mitarbeiter/-innen der Geschäftsführung und technischen Leitung auch ausgebildete Fachkräfte sowie An- und Ungelernte.

5.2 Arbeitsprozesse als Grundlage für die inhaltliche Ausgestaltung von Weiterbildungsmaßnahmen

Arbeits- und Geschäftsprozesse verändern sich durch die Einführung von Roboterlösungen. Der Umgang mit den anstehenden betriebswirtschaftlichen, arbeitsorganisatorischen und ergonomischen Veränderungen und neu zu gestaltenden Arbeits- und Geschäftsprozessen bedarf auf den verschiedenen Beschäftigungsebenen neuer Kompetenzen.

Wie ausführlicher bei Molzow-Voit und Plönnigs (2015) in diesem Band dargestellt, wurden die Arbeitsprozesse ausgehend von einem berufswissenschaftlichen Verständnis mit Hilfe eines qualitativen Zugangs zur Erschließung relevanter Inhalte empirisch erhoben. Die Charakteristiken der Arbeits- und Geschäftsprozesse mit ihren Veränderungen sowie die berufliche Kompetenzentwicklung der Fachkräfte im Zusammenhang mit den Roboterlösungen waren das Forschungsinteresse der Arbeiten (vgl. Spöttl und Blings 2011; vgl. Blings und Spöttl 2003).

Die Situation der untersuchten KMU zeigte, dass viele mit der Einführung von Roboterlösungen noch am Anfang stehen. Deshalb haben sich die Arbeiten im Rahmen des Projekts RobidLOG auf automatisierte Systeme (Systeme mit ≤ 3 Freiheitsgraden) und Roboter (> 3 Freiheitsgrade) konzentriert.

Die Arbeitsprozesse wurden durch Aufgabenbereiche und dazugehörige Dimensionen von Facharbeit beschrieben. Dies folgt dem Verständnis, dass in den Aufgabenbereichen von Facharbeit folgende drei Kategorien zu identifizieren sind, die die Prozesse mehrdimensional charakterisieren (vgl. Spöttl 2000, S. 212):

- Gegenstand der Facharbeit (Technik, Funktionen, Phänomene und auch Kunden);
- Werkzeuge, Methoden und Organisation der Facharbeit;
- Anforderungen an Facharbeit und Technik (Gesetze, Servicekonzepte, Hersteller, Kunde).

In den durchgeführten berufswissenschaftlichen Fallstudien wurde eine Analyse von Kernarbeitsprozessen nach obigen Kategorien vorgenommen. Das bedeutet, es wurden die Arbeitsprozesse identifiziert, die die Arbeit mit der Roboterlösung im Betrieb charakterisieren. Diese sind wie folgt erfasst:

- Einführung von Robotik und vollautomatisierten Systemen;
- Start, Umsetzung, Gestaltung und Beendigung des Bedienungsprozesses;
- Inspektion und Wartung vornehmen und gestalten;
- systematische Fehlersuche im Prozess durchführen;
- Störfälle im Prozess beseitigen;
- Reparatur, Optimierung an Robotern und automatisierten Systemen.

Nachstehend werden die Kernarbeitsprozesse mit ihren Dimensionen genauer benannt und deren Implikationen erläutert, um geeignete Voraussetzungen für die Gestaltung von Bildungs- und Kompetenzentwicklungsprozessen zu schaffen (vgl. Blings et al. 2014).

Kernarbeitsprozess 1: Einführung von Robotik und vollautomatisierten Systemen
Bei der Identifizierung der Kernarbeitsprozesse stellte sich heraus, dass der Prozess der Einführung einer Roboterlösung derart anspruchsvoll ist, dass er wie ein eigenständiger Arbeitsprozess zu betrachten ist, der ganz eigene Herausforderungen in sich birgt.

In diesem Arbeitsprozess erfolgt ein Wissensaufbau zu Grundlagen der Beschaffung und der Einsatzmöglichkeiten. Es geht um die Klärung der Optimierungsmöglichkeiten durch Roboterlösungen im Betrieb aufgrund vielfältiger Anforderungen mit der Perspektive der Geschäftsprozesse (Erweiterungen, Wirtschaftlichkeit, Effizienz, Automatisierung) und mit dem Ziel, die Mitarbeiter/-innen eines Unternehmens auf verschiedenen Ebenen (Aufgabenzuschnitte, Verantwortungsbereiche, Lernmöglichkeiten, Gesundheitsschutz, Fachkräftesicherung) zu qualifizieren. Als Veränderungsprozess ist die Etablierung eines Change Managements notwendig. Es gilt, die relevanten Schnittstellen zu identifizieren, an denen die Kommunikation stattfinden muss, und mit den betroffenen Beschäftigten die bevorstehenden Veränderungen zu diskutieren und zu gestalten (vgl. Tab. 5.1).

Kernarbeitsprozess 2: Start, Umsetzung, Gestaltung und Beendigung des Bedienungsprozesses
Der Bedienungsprozess beginnt bei der Warenannahme und endet bei der -abnahme. Wesentliche Aufgaben der Bediener/-innen von Robotiklösungen und vollautomatisierten Systemen sind es, die Anlagen gemäß dem betrieblichen Auftrag vorzubereiten, den ordnungsgemäßen Ablauf zu überprüfen und aufrechtzuerhalten. Hierbei wird ein Verständnis für die formalen Warendokumentationen aufgebaut und über die Bedienung der Schnittstelle mit eingebundener Software ein verantwortungsbewusster sowie sicherheitsrelevanter Umgang mit dem Robotersystem ermöglicht (vgl. Tab. 5.2).

Tab. 5.1 Einführung von Robotern und vollautomatisierten Systemen. (Quelle: Blings et al. 2013)

Einführung und Kernarbeitsprozesse	Aufgabenbereiche der Facharbeit	Gegenstand der Facharbeit	Werkzeuge, Methoden und Organisation der Facharbeit	Anforderungen an (Fach-)Arbeit und Technik
I) Einführung von Robotik und vollautomatisierten Systemen	Auseinandersetzung mit Grundlagen, Möglichkeiten betrieblicher Einsatzgebiete von Robotern und Steuerungstechnik, Veränderungsprozesse bei der Einführung von Robotern und Steuerungstechnik gestalten	Roboter und steuerungstechnische Anlagen/Systeme als Veränderungsprozesse im Betrieb sehen Verbesserung von Wirtschaftlichkeit und Arbeitsbedingungen	*Werkzeuge:* Change Management, Gesundheitsschutz, Arbeitssicherheit, Umweltmanagement. Qualitätsmanagement *Methoden:* Kommunikation, Weiterbildung *Organisation:* Beratung von außen, Transparenz über Veränderung herstellen, Partizipation aller Beschäftigten an Einführung	Beachtung der Sicherheitsvorschriften (§, Betrieb, Hersteller), Beachtung der Wirtschaftlichkeit, Beachtung der Ergonomie, Transparenz durch Veränderung herstellen

Tab. 5.2 Start, Umsetzung, Gestaltung und Beendigung des Bedienungsprozesses. (Quelle: Blings et al. 2013)

Einführung und Kernarbeitsprozesse	Aufgabenbereiche der Facharbeit	Gegenstand der Facharbeit	Werkzeuge, Methoden und Organisation der Facharbeit	Anforderungen an (Fach-) Arbeit und Technik
II) Start, Umsetzung, Gestaltung und Beendigung des Bedienungsprozesses	Bedienungsprozess: Warenannahme, Vorbereitung der Anlage, Zuführung von Material, Überprüfung des ordnungsgemäßen Ablaufs, Abnahme und Weiter-/Freigabe des Produkts	Roboter: steuerungstechnische Bedienelemente, EDV (Interface) zu WMS (Warehouse Management System), GUI (Graphical User Interface)/ Benutzeroberfläche	*Werkzeuge:* Warenannahmebogen/-dokumentation, Bedienungsanleitung, EDV (Interface), Arbeitsdokumentation, Flurförderzeuge *Methoden:* standardisierte Durchführung des Bedienungsablaufs *Organisation:* Annahmeorganisation, Arbeitsplatz- und Umfeldgestaltung zur Sicherstellung eines reibungslosen Arbeitsablaufes, Arbeitsschutz	Rationelle Annahmegestaltung, ordnungsgemäße Dokumentation (§, Betrieb, Kunde)/ Qualitätsmanagement, Bedienung der GUI, Bedienung von Schnittstellen zu eingebundener Software, Beachtung der Sicherheitsvorschriften (§, Betrieb, Hersteller), effektive und möglichst intuitive Steuerung des Roboters, Zuordnungsvermerk der Waren, Kennzeichnung arbeitssicherheitsrelevanter Bereiche und Komponenten (Arbeitsschutz), Beachtung der Wirtschaftlichkeit, Beachtung von Umweltvorschriften

Kernarbeitsprozess 3: Inspektion und Wartung vornehmen und gestalten
Fachkräfte nehmen Instandhaltungsaufgaben an den Robotiklösungen vor. Sie lesen und verstehen Instandhaltungs- oder Wartungspläne und setzen diese normenkonform um. Dabei handeln sie vorausschauend und unterstützen den Ablauf der Geschäftsprozesse hinsichtlich der relevanten gesetzlichen und betrieblichen Regularien aus verschiedenen Perspektiven (spezielle betriebliche Bedarfe, Wirtschaftlichkeit, Arbeitsorganisation, Umweltauswirkungen) (vgl. Tab. 5.3).

Kernarbeitsprozess 4: Reparatur und Optimierung an Robotern und automatisierten Systemen vornehmen und gestalten
Fachkräfte reparieren im Betriebsablauf auftretende Schäden an Robotern und automatisierten Systemen. Sie optimieren die Anlagen gemäß den betrieblich-gesellschaftlichen Anforderungen. Abgrenzend zu dem vorherigen Arbeitsprozess sind bei der Durchführung der Reparatur oder Optimierung einer automatisierten Anlage gute bis sehr gute Kenntnisse über die verwendeten mechanischen, elektrischen sowie hydraulischen und pneumatischen Bauteile notwendig. Fachkräfte gehen sicher mit Spezialwerkzeugen für steuerungstechnische Bauteile um. Ebenso bedienen sie Werkzeugmaschinen sicher und verantwortungsvoll (vgl. Tab. 5.4).

Kernarbeitsprozess 5: Störfälle im Prozess beseitigen
Fachkräfte diagnostizieren im Prozess auftretende Störungen unmittelbar. Sie unterbrechen geplante Abläufe und entstören die Anlage oder delegieren reparaturrelevante Störfälle an andere Fachkräfte. Der Anspruch ist ein effizienter, wirtschaftlicher, umweltschonender und arbeitsorganisatorisch sinnvoller Einsatz von Robotern bzw. automatisierten Anlagen. Bediener/-innen beherrschen das betriebliche Fehlermanagement. Sie kennen die Grundfunktionen der automatisierten Anlage und die häufig auftretenden Fehler. Sie dokumentieren die Arbeitsprozesse entsprechend den Vorgaben (vgl. Tab. 5.5).

Kernarbeitsprozess 6: Systematische Fehlersuche durchführen
Fachkräfte gehen systematisch und strukturiert an die Problemlösungen von schwerwiegenden und komplexeren Störfällen an automatisierten Anlagen heran. Abgrenzend zu dem vorherigen Kernarbeitsprozess haben sie zur systematischen Ermittlung der Fehlersituation gute bis sehr gute Kenntnisse der Anlagenfunktionen und kennen die Funktionsweise der mechanischen, elektrischen, hydraulischen und pneumatischen Bauteile. Ihre Arbeit ist Teil des betrieblichen Fehlermanagements. Betrieblich-gesellschaftliche Anforderungen an Arbeitsprozesse werden von ihnen gestaltend umgesetzt (vgl. Tab. 5.6).

Tab. 5.3 Inspektion und Wartung vornehmen und gestalten. (Quelle: Blings et al. 2013)

Einführung und Kernarbeitsprozesse	Aufgabenbereiche der Facharbeit	Gegenstand der Facharbeit	Werkzeuge, Methoden und Organisation der Facharbeit	Anforderungen an (Fach-) Arbeit und Technik
III) Inspektion und Wartung vornehmen und gestalten	Aufrechterhaltung des Soll-Zustands des Roboters: Wartung, Inspektion: Lesen von Instandhaltungs-, Wartungs- und Schmierplänen (Betrieb, Hersteller), Durchführung allgemeiner wartungs- und inspektionstechnischer Arbeitsprozesse, Durchführung steuerungstechnischer, mechanischer, elektrischer Inspektionsprozesse, Reinigung der Anlage	Roboter: GUI, mechanische Elemente (Antrieb, Greifarm etc.), elektrische Elemente (Relais, Kabelverbindungen etc.), hydraulische und pneumatische Elemente (Ventile, Schalter etc.)	*Werkzeuge:* Instandhaltungsplan, Wartungsplan, Schmierplan etc. Messwerkzeuge zur Kalibrierung, Standardwerkzeug zur Montage und Demontage von Bauteilen, Spezialwerkzeug für elektrische und steuerungstechnische Bauteile, Reinigungsmittel und -lappen, GUI, Fettpresse und geeignete Schmierstoffe, *Methoden:* Sicht- und Funktionsprüfung, Durchführung des Instandhaltungs- bzw. Wartungsplans, *Organisation:* Arbeitsplatzgestaltung zur sicheren Durchführung der anfallenden Arbeiten, Verfügbarkeit der relevanten Werkzeuge und auszutauschenden Bauteile, betriebliches Fehlermanagement	Beachtung der Vorgaben beim Umgang mit Schmierstoffen und deren Entsorgung (§), Beachtung der Sicherheitsvorschriften (§, Betrieb, Hersteller), Beachtung von Normen/Vorschriften zu Betriebsstoffen und Schmierstoffen, Beachtung von Normen/Vorschriften zur Durchführung wartungs- und inspektionstechnischer Arbeiten (z. B. DIN 31051), Kennzeichnung arbeitssicherheitsrelevanter Bereiche und Komponenten (Arbeitsschutz), Beachtung der Wirtschaftlichkeit, Beachtung von Umweltvorschriften

Tab. 5.4 Reparatur und Optimierung an Robotern und automatisierten Systemen vornehmen und gestalten. (Quelle: Blings et al. 2013)

Einführung und Kernarbeitsprozesse	Aufgabenbereiche der Facharbeit	Gegenstand der Facharbeit	Werkzeuge, Methoden und Organisation der Facharbeit	Anforderungen an (Fach-) Arbeit und Technik
IV) Reparatur/Optimierung an Robotern und automatisierten Systemen vornehmen und gestalten	Reparatur von im Betriebsablauf auftretenden Schäden und Optimierung des Roboters hinsichtlich Kriterien der Effizienz und Arbeitssicherheit: Situatives Erkennen von Optimierungs- und Gestaltungspotenzialen, Umgang mit steuerungstechnischen Anlagen/ Robotern inklusive deren Programmierung, Arbeiten mit Werkzeugmaschinen	Roboter: GUI/Programmieroberfläche, mechanische Elemente (Antrieb, Greifarm etc.), elektrische Elemente (Relais, Kabelverbindungen etc.), hydraulische und pneumatische Elemente (Ventile, Schalter etc.), Kalibrierung der Anlage	*Werkzeuge:* Reparaturanleitungen (Hersteller, Betrieb), Standardwerkzeug zur Montage und Demontage von Bauteilen, Spezialwerkzeug für elektrische und steuerungstechnische Bauteile, Werkzeugmaschinen, GUI *Methoden:* Arbeitsplatzgestaltung zur sicheren Durchführung der anfallenden Arbeiten, Reparatur gemäß Normen/Vorschriften und Reparaturanleitung (Hersteller, Betrieb) *Organisation:* Arbeitsplatzgestaltung zur sicheren Durchführung der anfallenden Arbeiten, Bereitstellung aller reparaturrelevanten Werkzeuge und Werkzeugmaschinen, Beschaffungslogistik benötigter/auszutauschender Bauteile, Implementierung eines Optimierungs- und Verbesserungssystems	Beachtung der Sicherheitsvorschriften (§, Betrieb, Hersteller), Beachtung von Normen/Vorschriften zur Durchführung von Reparaturen (z. B. DIN 31051 Hersteller, Betrieb), Kennzeichnung arbeitssicherheitsrelevanter Bereiche und Komponenten (Arbeitsschutz), ordnungsgemäße Dokumentation (§, Betrieb, Kunde)/Qualitätsmanagement, Beachtung der Wirtschaftlichkeit, Beachtung von Umweltvorschriften

Tab. 5.5 Störfälle Im Prozess beseitigen. (Quelle: Blings et al. 2013)

Einführung und Kernarbeitsprozesse	Aufgabenbereiche der Facharbeit	Gegenstand der Facharbeit	Werkzeuge, Methoden und Organisation der Facharbeit	Anforderungen an (Fach-) Arbeit und Technik
V) Störfälle im Prozess beseitigen	Diagnostizieren von Störungen. Beseitigung im Prozess auftretender Störungen und Unterbrechungen: Ordnungsgemäßes Dokumentieren sämtlicher im Betrieb auftretender Störungen, Austausch und Unterrichtung über auftretende Störungen, schnelle Behebung von Störungen im Betriebsablauf, Sicherstellung der Rahmenbedingungen im Prozessablauf	Roboter: Steuerungs-technische Bedienelemente, GUI, Effektor/Greifer, Sensorik	*Werkzeuge:* GUI/Parameteranpassung, Fehlerdokumentation, Bedienungsanleitung *Methoden:* Erfahrungsgemäßes, subjektives Handeln bei auftretenden Störungen, bei wiederauftretenden Fehlern Handeln gemäß dokumentierter Situationen *Organisation:* Arbeitsplatzgestaltung zur sicheren Durchführung der anfallenden Arbeiten, Fehlerdokumentationssystem, betriebliches Fehlermanagement	Entstörung nur im Rahmen der zugewiesenen Berechtigungen gemäß betrieblicher Hierarchie, Beachtung der Sicherheitsvorschriften (§, Betrieb, Hersteller), störungsunanfällige Gestaltung des Arbeitsbereichs, ordnungsgemäße Dokumentation (§, Betrieb, Kunde)/ Qualitätsmanagement, Kennzeichnung arbeitssicherheitsrelevanter Bereiche und Komponenten (Arbeitsschutz), Beachtung der Wirtschaftlichkeit Beachtung von Umweltvorschriften

5 Kernarbeitsprozesse beim Robotereinsatz im Betrieb ...

Tab. 5.6 Systematische Fehlersuche durchführen. (Quelle: Blings et al. 2013)

Einführung und Kernarbeitsprozesse	Aufgabenbereiche der Facharbeit	Gegenstand der Facharbeit	Werkzeuge, Methoden und Organisation der Facharbeit	Anforderungen an (Fach-)Arbeit und Technik
VI) Systematische Fehlersuche	Systematische Fehlersuche an Roboterm und steuerungstechnischen Systemen selbstständig durchführen: Erörtern der Fehlersituation, effektive und selbstständige Fehleranalyse, Fehlermanagement (Behebung, Notfallstrategien, Einleitung der Reparatur)	Roboter: Steuerungs-technische Bedienelemente, mechanische Elemente (Antrieb, Greifarm etc.), elektrische Elemente (Relais, Kabelverbindungen etc.), hydraulische und pneumatische Elemente (Ventile, Schalter etc.), Sensorik	*Werkzeuge:* Software zum Fehlermanagement/ Fehlerinstandhaltungsprogramm, Multimessgerät, Spezialwerkzeug für elektrische und steuerungstechnische Bauteile sowie zugehörige Verbindungselemente, Programmierumgebung, Bedienungsanleitung, Fehlerdokumentation *Methoden:* Informationsgespräche mit Bedienern, systematische Fehleranalyse nach objektiven Kriterien/Fehlersuchalgorithmus (Pläne, Normen etc.), Dokumentation auftretender Fehler, Notfallstrategien und Übergangslösungen *Organisation:* Arbeitsplatzgestaltung zur sicheren Durchführung der anfallenden Arbeiten, Bereitstellung aller relevanten Werk-zeuge und Messgeräte, betriebliches Fehlermanagement	Beachtung der Sicherheitsvorschriften (§, Betrieb, Hersteller), Beachtung von Normen/Vorschriften zur Durchführung), Kennzeichnung arbeitssicherheitsrelevanter Bereiche und Komponenten (Arbeitsschutz), sehr gute Kenntnisse über die Funktionen der Anlage/des Roboters, ordnungsgemäße Dokumentation (§, Betrieb, Kunde)/Qualitätsmanagement, fachgerechtes Ersetzen defekter Leitungen, sicheres Umgehen mit Mess- und Prüfgeräten, schnelle Ursachenanalyse wiederkehrender Störungen, sicheres Arbeiten an unter Spannung stehenden Anlagen

5.3 Didaktische Überlegungen für ein Weiterbildungskonzept auf Basis der Kernarbeitsprozesse

Die sechs Kernarbeitsprozesse bilden den inhaltlichen Rahmen für die didaktische Gestaltung eines Weiterbildungsangebots. Ausgehend von diesen sind Lern- und Arbeitsaufgaben zu entwickeln, die zum Aufbau von beruflicher Handlungskompetenz führen.

Idealerweise wird hier Praxis- und Theorielernen verschränkt. In der außerbetrieblichen Weiterbildung ist dies ein besonderer Anspruch, da die Arbeitsaufgaben der Teilnehmenden in den Unternehmen vermutlich heterogen sind. Das bedeutet, Teilnehmer/-innen haben sehr unterschiedliche Vorerfahrungen und sind in unterschiedlichen Ausprägungen mit der Robotertechnik an ihrem Arbeitsplatz konfrontiert. In der Weiterbildung sind betriebliche oder praxisnahe Lernorte zu suchen und für die arbeitsprozessbezogenen Lernaufgaben zu nutzen.

Methodisch sind Möglichkeiten des arbeitsbezogenen Lernens (vgl. Dehnbostel 2002) zu wählen. Dies kann hier durch die Verbindung von Erfahrungslernen mit organisiertem Lernen erfolgen (vgl. Rebmann und Tenfelde 2008).

Für arbeitsprozessbezogene Weiterbildungsmaßnahmen im Zusammenhang mit der Einführung und Umsetzung von Roboterlösungen in Betrieben sind Lern- und Arbeitsaufgaben besonders geeignet, da sie an verschiedenen praxisnahen Lernorten umgesetzt werden können. Sie sind arbeitsbezogen, da die Aufgabenstellung an reale Anforderungen der beruflichen Praxis angelehnt ist. Sie können hohe Anteile selbstgesteuerten Lernens enthalten und sehr gut auch auf komplexe Arbeitsprozesse ausgerichtet werden.

Die Erstellung der Lern- und Arbeitsaufgaben ist vor dem Hintergrund der ausgearbeiteten Kernarbeitsprozessvorlagen für Lehrende mit Erfahrung in arbeitsprozessbezogenen Lehr- und Lernformen gut umsetzbar. Beispiele zu möglichen Aufgabenstellungen finden sich bei Howe (2001) oder im European RecyOccupation Profile (vgl. Blings und Spöttl 2003). Sie sollten gestaltungsorientiert angelegt sein, damit Gestaltungsspielräume wahrgenommen werden können und problemlösendes, vorausschauendes Arbeitshandeln gefördert wird (vgl. Howe et al. 2002).

Lern- und Arbeitsaufgaben gehören zu projektförmigen Lehr- und Lernarrangements. Es sind hier verschiedene Methoden denkbar, die alle situatives und selbstgesteuertes Lernen enthalten (wie Simulationen, Rollenspiele, Selbstlernzentren, Lernverbünde) und integrierbar sind (vgl. Siebert 2008). Eine Verschränkung mit seminaristischen Lernformen sollte sinnstiftend erfolgen und die praxisnahen Lerneinheiten unterstützen.

5.4 Umsetzung des Weiterbildungskonzeptes in Modulen

Ein Weiterbildungsangebot kann nicht immer die betrieblichen Zugänge bieten, die für das Lernen der Teilnehmenden im günstigsten Fall erforderlich wären. Lernorte und Bildungsanbieter, die Robotertechnologien vorhalten, müssen gewonnen und die entsprechenden Zielgruppen für die Weiterbildung erreicht werden.

Im ersten Umsetzungszyklus des Weiterbildungskonzeptes zur Robotik wurden dementsprechend in einem weiteren Schritt Module entwickelt, deren Inhalte sich aus den o. g. Kernarbeitsprozessen ableiten und die aktuelle Nachfrage nach Weiterbildung in der Region abbilden. Wie auch bei Molzow-Voit und Plönnigs (2015) in diesem Buch beschrieben, wurde dazu ein Workshop mit Fachexperten durchgeführt, um eine Modulstruktur zu entwickeln, die die aktuellen Bedarfe im Land Bremen konkret bedient.

Nach Klärung der Inhaltsbereiche wurden die Modulbezeichnungen so gewählt, dass sie für die Zielgruppen verständlich und attraktiv sind. Deshalb wird hier in den einführenden Modulen zweimal von stark arbeitsprozessbezogenen Titeln abgewichen. Ein großer aktueller Bedarf in der Region wurde in einem einführenden Schwerpunkt zu Kernarbeitsprozessen gesehen, weshalb in diesem insgesamt drei Module angelegt wurden:

- Betriebswirtschaftliche Aspekte und Veränderungsprozesse im Kontext der Robotik in der Logistik,
- Technologische Grundlagen von Robotik in der Logistik und
- Initialisierung und Gestaltung von Veränderungsprozessen im Arbeitsablauf bei Einführung einer Robotiklösung.

Der zweite Kernarbeitsprozess wurde in folgendes Modul integriert:

- Instandhaltung von Robotern in der Logistik.

Der dritte Kernarbeitsprozess und Teilbereiche des fünften Kernarbeitsprozesses wurden zusammen inhaltlicher Hintergrund des Moduls:

- Bedienprozesse/Programmierung, Beseitigung von Störungen und Fehlerdiagnose von Robotern in der Logistik.

Weiteres Hintergrundwissen – auch für die Arbeit in den Kernarbeitsprozessen vier bis sechs – wird im Modul:

- Robotik in Interaktion mit innovativen IuK-Technologien aufgebaut.

5.5 Fazit

Es zeigte sich im Projektverlauf, dass der Bedarf an Weiterbildungsmaßnahmen aktuell vor allem in den Kernarbeitsprozessen eins bis drei, also:

- in der Einführung von Robotern und vollautomatisierten Systemen,
- dem Start, der Umsetzung, Gestaltung und Beendigung des Bedienprozesses und
- der Inspektion und Wartung, liegt.

In Zukunft, wenn Roboterlösungen stärker in KMU umgesetzt werden, wird die Nachfrage nach vertiefenden Weiterbildungen in den Kernarbeitsprozessen vier bis sechs, zu Reparatur, Optimierung, Störfallbeseitigung und systematischer Fehlersuche, steigen.

Literatur

Bernien, M.: Anforderungen an eine qualitative und quantitative Darstellung der beruflichen Kompetenzentwicklung. In: Arbeitsgemeinschaft Qualifikations-Entwicklungs-Management Berlin (Hrsg.) Kompetenzentwicklung '97, S. 17–83. Waxmann, Berlin (1997)

BIBB: Empfehlung des Hauptausschusses des Bundesinstituts für Berufsbildung (BIBB) vom 26. Juni 2014 zur Struktur und Gestaltung von Ausbildungsordnungen – Ausbildungsberufsbild, Ausbildungsrahmenplan. In Bundesanzeiger. veröffentlicht am Freitag, 25. Juli 2014, BAnz AT 25.07.2014 S1 (2014)

Blings, J.: Neue Technologien, nachhaltige Entwicklung und Wissensunschärfen –Verunsicherungen von beruflicher Arbeit im Zeitalter der Globalisierung. In: Fenzl, C., Spöttl, G., Howe, F., Becker, M. (Hrsg.) Berufsarbeit von morgen in gewerblich-technischen Domänen, S. 14–19. W. Bertelsmann, Bielefeld (2010)

Blings, J., Spöttl, G.: ECO-Recycler – ein europäisches Kernberufsprofil für die Kreislauf- und Abfallwirtschaft, a European core occupational profile for the closed loop and waste economy. In: Nationale Agentur für Bildung in Europa beim BIBB (Hrsg.). Impuls-Reihe, Heft 9, Flensburg (2003)

Blings, J., Molzow-Voit, F., Plönnigs, F.: RobidLog – Beschreibung der Kernarbeitsprozesse. Manuskript. Unter Mitarbeit von Moritz Rohde und Moritz Quandt. Bremen (unveröffentlicht) (2013)

Blings, J., Molzow-Voit, F., Plönnigs, F., Quandt, M., Rohde, M., Augustin, S.: Zielgruppenspezifische, modulare Weiterbildungskonzepte. Einsatzpotential von Robotik in der Logistik. Product. Manage. **19** (2), 28–30 (2014)

Dehnbostel, P.: Modelle arbeitsbezogenen Lernens und Ansätze zur Integration formellen und informellen Lernens. In: Rohs, M. (Hrsg.) Arbeitsprozessintegriertes Lernen, S. 37–57. Waxmann, Münster u. a. (2002)

Grantz, T., Schulte, S., Spöttl, G.: Lernen im Arbeitsprozess oder: Wie werden Kernarbeitsprozesse (berufspädagogisch legitimiert) didaktisch aufbereitet? In: bwp@ Berufs- und Wirtschaftspädagogik – online, Ausgabe 17, S. 1–18. http://www.bwpat.de/ausgabe17/grantz_etal_bwpat17.pdf (2009). Zugegriffen: 17. Dez. 2014

Hensge, K., Lorig, B., Schreiber, D.: Kompetenzstandards in der Berufsbildung. Bonn (2009)

Howe, F.: Gestaltungsorientierte Lern- und Arbeitsaufgaben. In: Ebeling, U., Gronwald, D., Stuber, F. (Hrsg.) Lern- und Arbeitsaufgaben als didaktisch-methodisches Konzept, S. 126–146. W. Bertelsmann, Bielefeld (2001)

Howe, F., Heermeyer, R., Heuermann, H., Höpfner, H.-D., Rauner, F.: Lern- und Arbeitsaufgaben für eine gestaltungsorientierte Berufsbildung. Dr. Ing. Paul Christiani GmbH & Co. KG, Konstanz (2002)

KMK-Sekretariat der Ständigen Konferenz der Kultusminister der Länder in der Bundesrepublik Deutschland: (Hrsg.): Handreichungen für die Erarbeitung von Rahmenlehrplänen der Kultusministerkonferenz (KMK) für den berufsbezogenen Unterricht in der Berufsschule und ihre Abstimmung mit Ausbildungsordnungen des Bundes für anerkannte Ausbildungsberufe (Fassung vom 15. Sept. 2000), (1996/2000)

Rebmann, K., Tenfelde, W.: Betriebliches Lernen – ein Problemaufriss. In: Rebmann, K., Tenfelde, W. (Hrsg.): Betriebliches Lernen. Explorationen zur theoriegeleiteten Begründung, Modellierung und praktischen Gestaltung arbeitsbezogenen Lernens, S. 1–27. Rainer Hampp, München und Mering (2008)

Siebert, H.: Methoden für die Bildungsarbeit. Leitfaden für aktivierendes Lernen. W. Bertelsmann, Bielefeld (2008)

Spöttl, G.: Der Arbeitsprozess als Untersuchungsgegenstand berufswissenschaftlicher Qualifikationsforschung und die besondere Rolle von Experten(-Facharbeiter-)workshops. In: Pahl, J.-P.,

Rauner, F., Spöttl, G. (Hrsg.) Berufliches Arbeitsprozesswissen. Ein Forschungsgegenstand der Berufsfeldwissenschaften, S. 205–221. Nomos, Baden-Baden (2000)

Spöttl, G., Blings, J.: Kernberufe. Ein Baustein für ein transnationales Berufsbildungskonzept. Peter Lang, Frankfurt a. M. (2011)

Straka, G.-A., Macke, G.: Handlungskompetenz – und wo bleibt die Sachstruktur? ZBW. **104**, 590–600 (2008)

Dr. Jessica Blings ist seit 2006 wissenschaftliche Mitarbeiterin am Institut Technik und Bildung der Universität Bremen in der Abteilung „Arbeitsprozesse und berufliche Bildung". Zuvor arbeitete sie sieben Jahre als wissenschaftliche Mitarbeiterin am Berufsbildungsinstitut Arbeit und Technik der Universität Flensburg in nationalen und europäischen Forschungsprojekten. Im Jahr 2006 wurde sie mit ihrer Arbeit „Informelles Lernen von Facharbeiter/-innen" an der Universität Bremen promoviert. Ihre Forschungsschwerpunkte sind Anerkennung informellen Lernens, Gestaltung von beruflich-betrieblichem Lernen, Durchlässigkeit in Bildungssystemen und nachhaltige Entwicklung

Konzeption und Erprobung einer Schulungsumgebung im Kontext Robotik in der Logistik

6

Moritz Quandt, Rafael Mortensen Ernits und Moritz Rohde

Inhaltsverzeichnis

6.1	Einleitung	80
6.2	Inhaltlicher Aufbau des Praxisanteils SPS-Programmierung	81
6.3	Entwicklung eines praxisorientierten Schulungsdemonstrators	85
	6.3.1 Einflussfaktoren auf die Entwicklung des Schulungsszenarios	85
	6.3.2 Beschreibung des Schulungsszenarios SPS-Programmierung	87
6.4	Durchführung und Erfahrungen der Dozenten und Teilnehmer/-innen	89
	6.4.1 Durchführung des Weiterbildungsmoduls	89
	6.4.2 Erfahrungen der Dozenten und Teilnehmer/-innen	90
6.5	Fazit	91
Literatur		91

M. Quandt (✉) · R. Mortensen Ernits · M. Rohde
BIBA - Bremer Institut für Produktion und Logistik GmbH an der Universität Bremen, Bremen, Deutschland
E-Mail: qua@biba.uni-bremen.de

R. Mortensen Ernits
E-Mail: mor@biba.uni-bremen.de

M. Rohde
E-Mail: roh@biba.uni-bremen.de

© Springer Fachmedien Wiesbaden 2016
F. Molzow-Voit et al. (Hrsg.), *Robotik in der Logistik,* DOI 10.1007/978-3-658-08575-9_6

6.1 Einleitung

Die Automatisierung von Arbeitsprozessen hält zunehmend Einzug in Produktion und Logistik. In der aktuellen Diskussion um die vierte industrielle Revolution (Industrie 4.0) nimmt die technische Durchdringung der Arbeitswelt und die darauf folgenden Auswirkungen auf den Menschen eine wichtige Rolle ein (vgl. BMBF 2014, S. 4). Dabei steht u. a. die zunehmende Vernetzung von Maschinensteuerungen mit der IT-Welt eines Unternehmens im Fokus, um auch in Zukunft die Kundenanforderungen nach immer kleineren Losgrößen unter wirtschaftlichen Gesichtspunkten realisieren zu können (vgl. Bürger und Tragl 2014, S. 559 f.). Im Produktionsbereich werden Automatisierungssysteme angestrebt, welche die Unterstützung des Menschen in den Mittelpunkt stellen. Dabei sollen die kognitiven und physischen Fähigkeiten der Mitarbeiter/-innen durch industrietaugliche Assistenzsysteme, kooperative Automatisierungstechnik und eine entsprechende Qualifizierung unterstützt werden (vgl. Kagermann et al. 2013, S. 99).

In der Logistik bieten insbesondere intralogistische Aufgabenstellungen ein hohes Automatisierungspotenzial zur signifikanten Steigerung der Wirtschaftlichkeit und Prozesssicherheit. Immer kürzere Vorlaufzeiten bei den Kundenbestellungen erfordern einen gleichermaßen hohen Automatisierungsgrad in der Intralogistik, um den Unternehmen die Auftragsbearbeitung im vorgegebenen zeitlichen Rahmen zu ermöglichen (vgl. Kippels 2014).

Mit der zunehmenden Einführung von Automatisierungslösungen in der Logistik für Aufgabenstellungen, wie z. B. das Palettieren/Depalettieren oder das Handhaben von Stückgütern in der Kommissionierung müssen auch die Mitarbeiter/-innen entsprechend qualifiziert werden, um einer Überforderung und somit einer möglichen Ablehnung der neuen Technologien entgegen zu wirken. Basierend auf dieser Motivation wurde in dem Projekt RobidLOG eine Weiterbildung zum Thema „Robotik in der Logistik" konzipiert und durchgeführt. Diese richtet sich in zielgruppenspezifischen Themenschwerpunkten sowohl an Entscheidungsträger/-innen und technische Leiter/-innen als auch an Fachkräfte und An- und Ungelernte. In Tab. 6.1 sind die einzelnen Weiterbildungsmodule sowie die jeweiligen Zielgruppen aufgelistet.

Für die beiden Zielgruppen der Fachkräfte und An- und Ungelernten wurden praxisbezogene Module entwickelt, die sich u. a. mit dem Bedienprozess von Automatisierungstechnik in logistischen Aufgabenstellungen auseinander setzen. Der praktische Schwerpunkt der Weiterbildung ist der Einsatz von Robotik für logistische Aufgabenstellungen, der für die genannten Zielgruppen in Modul 4 vertieft wird. Im Rahmen des Moduls 2 wird darüber hinaus ein ergänzender Praxisanteil SPS-Programmierung angeboten. Dieser begründet sich aus der Tatsache, dass in der Intralogistik beim Einsatz von Robotiklösungen die Interaktion mit weiteren Automatisierungslösungen der Materialflusstechnik, wie z. B. Fördertechnik eine wichtige Rolle spielt. Diese Anlagen werden überwiegend mit Hilfe von SPS geregelt (vgl. Overmeyer 2011, S. U98).

Basierend auf dieser Motivation befasst sich der Beitrag nachfolgend mit der Entwicklung und Durchführung einer praxisorientierten Schulung zur SPS-Programmierung im

Tab. 6.1 Weiterbildungsmodule und Zielgruppen „Robotik in der Logistik". (Quelle: Eigene Darstellung)

Nr.	Modultitel	Zielgruppen
1	Betriebswirtschaftliche Aspekte im Kontext der Robotik in der Logistik	Geschäftsführung, Technische Leitung
2	Technologische Grundlagen von Robotik in der Logistik	Geschäftsführung, Technische Leitung, Fachkräfte, An- und Ungelernte
3	Veränderungsprozesse im Arbeitsablauf bei Einführung einer Robotiklösung	Geschäftsführung, Technische Leitung
4	Bedienprozesse/Programmierung, Beseitigung von Störungen und Fehlerdiagnose von Robotern in der Logistik	Fachkräfte, An- und Ungelernte
5	Instandhaltung von Robotern in der Logistik	Fachkräfte, An- und Ungelernte
6	Robotik in Interaktion mit innovativen Informations- und Kommunikationstechnologien	Geschäftsführung, Technische Leitung, Fachkräfte, An- und Ungelernte

Rahmen von Modul 2, die sich an Fachkräfte und An- und Ungelernte richtet. Dafür wird zunächst der Aufbau des Praxisanteils SPS-Programmierung beschrieben. Auf dieser Basis wird ein geeignetes logistisches Szenario entwickelt und die daraus folgenden Erkenntnisse in einem Schulungsdemonstrator umgesetzt. Darüber hinaus wurde das gesamte Modul 2 im Rahmen des benannten Forschungsprojekts RobidLOG durchgeführt, evaluiert sowie Verbesserungsvorschläge erarbeitet.

6.2 Inhaltlicher Aufbau des Praxisanteils SPS-Programmierung

In diesem Abschnitt werden zunächst die im Rahmen des Praxisanteils SPS-Programmierung verfolgten Lernziele definiert. Darauf folgt eine Beschreibung der zu vermittelnden Inhalte und abschließend wird der Aufbau der einzelnen Übungsaufgaben erläutert.

Die Lernziele des praxisorientierten Weiterbildungsmoduls zur Vermittlung von Grundlagen der SPS-Programmierung werden wie folgt definiert:

Am Ende der Veranstaltung sollen die Lernenden:

- den Einsatz von SPS im Bereich Automatisierungstechnik in der Logistikbranche anhand von Praxisbeispielen erläutern können,
- die gängigen SPS-Programmiersprachen nach IEC 61131 kennen und grundlegend anwenden können,
- die grundlegende Logik eines SPS-Programms und den zyklischen Ablauf einer SPS kennen und beachten,
- die Grundbausteine der SPS-Programmierung kennen und anwenden können sowie
- den Ablauf einer SPS-Programmierung kennen und beachten.

	Lernziele	Geplante Dauer in h
Hintergrund Robotik in der Logistik	Herausforderungen und Entwicklungen von Robotiklösungen in logistischen Anwendungsfeldern kennenlernen	0,5
Grundlagen SPS-Programmierung	Grundlegende Kenntnisse der SPS-Programmierung kennenlernen, insbesondere die verwendeten Programmiersprachen nach IEC 61131 sowie die verwendete Programmierumgebung	0,5
Übung 1: Ein- und Ausgänge	Umgang mit der Programmierumgebung erlernen, Anwenden der verschiedenen Programmiersprachen sowie Kompilierung von Programmcode und Fehlerbehebung	0,5
Übung 2: Kommissionierstation	Selbstständige Entwicklung eines Programmcodes für eine Kommissionierstation als Kontaktplan, in Funktionsbausteinsprache und als strukturierten Text, Behebung von Fehlern durch Simulation	1
Übung 3: Prufstation für Standardpakete	Selbstständige Entwicklung eines Programmcodes als strukturierten Text für eine Prüfstation von Standardpaketen, Behebung von Fehlern durch Simulation und Test am Praxisdemonstrator	1,5

Abb. 6.1 Ablauf, Lernziele und Zeitplanung für das Praxismodul SPS-Programmierung. (Quelle: Eigene Darstellung)

Zur Erreichung dieser Lernziele werden zunächst die nötigen Grundlagen vermittelt und anschließend aufeinander aufbauende Übungsaufgaben gestellt. Der Ablauf des Praxismoduls SPS-Programmierung ist in Abb. 6.1 dargestellt.

Zunächst werden die Entwicklungen und Herausforderungen der Robotik und Automatisierungstechnik am Beispiel von bestehenden Lösungen, wie z. B. der Entladung von Standardpaketen aus Seecontainern oder der automatisierten Depalettierung von Katalogen aufgezeigt. Im Anschluss an die Grundlagen der Steuerungstechnik wird den Teilnehmer/-innen der grundsätzliche Aufbau und die Arbeitsweise einer SPS erläutert. Nachfolgend werden zunächst grundlegende Kenntnisse im Zusammenhang mit der SPS-Programmierung vermittelt, wie z. B. das verwendete Zahlensystem, die verschiedenen Datentypen und die eingesetzten Programmiersprachen nach IEC 61131, welche sich in grafische und textuelle Sprachen unterteilen (vgl. John und Tiegelkamp 2009, S. 103). Darüber hinaus lernen die Teilnehmer/-innen verschiedene für logistische Aufgabenstellungen eingesetzte Sensoren und Aktoren, einfache Beispiele möglicher Systemkonfigurationen sowie die Anforderungen an eine Programmiersoftware und die damit verbundene Kompatibilität kennen.

Nach der Vermittlung der wichtigsten Grundlagen werden die Teilnehmer/-innen auf den praktischen Teil der Schulung vorbereitet. Dafür erfolgt zunächst die Vorstellung der verwendeten SPS und des herstellerabhängigen Softwaresystems. Anhand einfacher Beispiele werden die verschiedenen Programmiersprachen, die Besonderheiten der verwendeten Programmierumgebung sowie die benötigten Softwarefunktionen zur Lösung der Übungsaufgaben erläutert. Die Erklärung von Syntax, Logik und einzelnen Funktionsbausteinen dient der Vorbereitung zur Bearbeitung der ersten Übungsaufgabe in Kleingruppen. Diese Übungsaufgabe bezieht sich auf das Einsetzen von Eingängen und Ausgängen mit UND/ODER Logik in verschiedene Programmiersprachen. Auf diese Weise wird der Einstieg in die Programmierumgebung sowie die Kompilierung und Fehlerbehebung von Programmcodes ermöglicht.

Im Rahmen der nachfolgenden Aufgabenstellung werden am Beispiel einer Kommissionierstation in Kleingruppen Programmieraufgaben durchgeführt. Durch die Bildung von Kleingruppen kann der unterschiedliche Stand der Vorkenntnisse in die Gruppenarbeit einfließen und so auch eine komplexe Aufgabenstellung gemeinsam gelöst werden (vgl. Grendlinger 2011, S. 182). Im Rahmen dieser Übungsaufgabe wird die Kommissionierung verschiedener Objekte in eine Versandverpackung umgesetzt. Jedes zu kommissionierende Objekt wird an einer eigenen Ladestation verladen. Das Förderband, auf dem sich die Versandverpackung befindet, wird von einem ansteuerbaren Motor angetrieben. Die Aufgabenstellung an die Teilnehmer/-innen verlangt, dass die verschiedenen Objekte in die Versandverpackung gepackt werden, wobei die zu kommissionierenden Objekte Mobiltelefon und Ladegerät immer gemeinsam verpackt werden. Die Kommissionierung eines Buches oder einer DVD erfolgt immer separat (vgl. Abb. 6.2). Zum Erlernen verschiedener SPS-Programmiersprachen wird von den Teilnehmer/-innen eine Lösung als

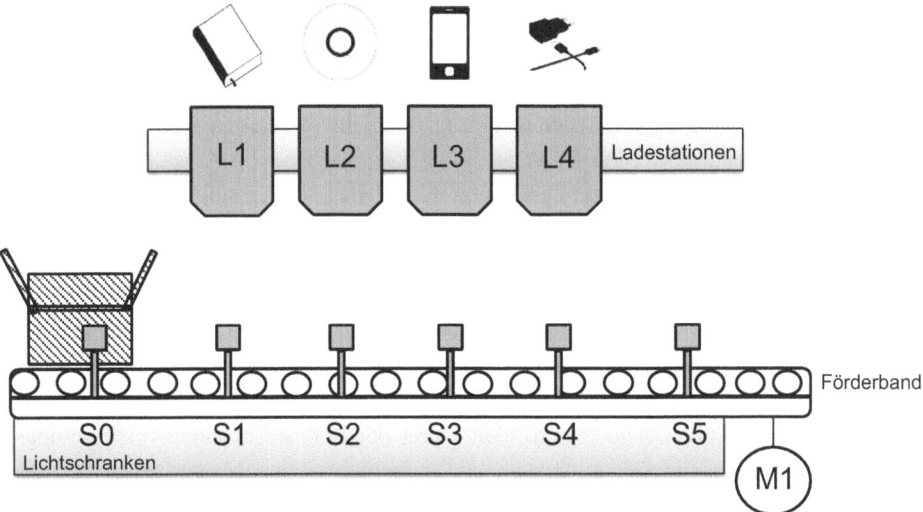

Abb. 6.2 Darstellung der Übungsaufgabe Kommissionierstation. (Quelle: Eigene Darstellung)

```
0022
0023   IF S1 AND M1 AND NOT K3 THEN            (* Paket hat die Ladestation 1 erreicht und wird beladen*)
0024       M1:= FALSE;
0025       L1:= TRUE;
0026       T1(IN:=TRUE, PT:= t#5s, Q=>, ET=>);
0027   END_IF;
0028
0029   IF S1 AND T1.Q AND NOT M1 THEN          (* Nach der Beladungszeit kann das Paket weiter gefördert werden*)
0030       L1:= FALSE;
0031       M1:=TRUE;
0032       K3 := TRUE;
0033   END_IF;
0034
0035
0036   IF S5 AND M1 AND K3 THEN                (*Das Paket ist bereit für das Beladen im LKW oder Container*)
0037       M1:=FALSE;
0038       K1:=TRUE;
0039       K2:= TRUE;
0040       AUFTRAG:= 0;
0041   END_IF;
0042
```

Abb. 6.3 Beispielhafter Programmcode aus der Musterlösung zu Übungsaufgabe 2. (Quelle: Eigene Darstellung)

Kontaktplan (KOP), in Funktionsbausteinsprache (FBS) und strukturiertem Text (ST) erstellt. Die Eingangsgrößen stellen die Lichtschranken (S0–S5) dar. Die Ladestationen (L1–L4) sowie der Motor des Förderbandes (M1) können durch die SPS angesteuert werden.

Bei der eigenständigen Bearbeitung der Übungsaufgabe in Kleingruppen unterstützen sowohl die Dozenten als auch die durch die Softwareumgebung gebotene Möglichkeit, das erstellte Programm zu simulieren, und auf diese Weise Fehler in Syntax, Logik oder Funktionen zu beheben. Nach Bearbeitung einzelner Teilaufgaben in den Gruppen werden gemeinsam anhand einer Musterlösung mögliche Lösungswege aufgezeigt und in den Kleingruppen erarbeitete Lösungen im Plenum diskutiert. In Abb. 6.3 ist beispielhaft ein Teil des Programmcodes abgebildet. Die Einteilung in kommentierte Blöcke gewährleistet die Nachvollziehbarkeit der vorgestellten Lösung. Entgegen der vergleichsweise einfachen Aufgabenstellung bieten sich zahlreiche Lösungswege zur erfolgreichen Bearbeitung der Übungsaufgabe. Anhand der Musterlösung können diese unterschiedlichen Lösungsansätze diskutiert, neue Lösungswege aufgezeigt und Schwierigkeiten bei der Bearbeitung der Aufgabe ausgeräumt werden.

Nach erfolgreicher Lösung und Diskussion der zweiten Übungsaufgabe folgt die dritte Übungsaufgabe, die sich mit der Entwicklung eines Programmcodes für eine Prüfstation von Standardpaketen und dem nachfolgenden Testen und Überarbeiten dieses Programmcodes an einem Praxisdemonstrator befasst. Zunächst wird im Rahmen dieser Übungsaufgabe in den Kleingruppen ein Programmcode in strukturiertem Text entwickelt, der zur Prüfung der Funktionsweise jederzeit simuliert werden kann. Nach erfolgreicher Erarbeitung einer funktionsfähigen Lösung kann der erarbeitete Programmcode am Praxisdemonstrator (vgl. Abb. 6.4) getestet werden. Durch den Praxistest können Verbesserungspotenziale am Programmcode aufgezeigt und gemeinsam Lösungswege erarbeitet werden, um einen fehlerfreien Ablauf in der Praxis zu gewährleisten. Abschließend werden auch in diesem Fall die möglichen Lösungswege anhand einer Musterlösung aufgezeigt

6 Konzeption und Erprobung einer Schulungsumgebung ...

Abb. 6.4 Praxisdemonstrator SPS-Programmierung. (Quelle: BIBA)

und diskutiert. Die Definition eines geeigneten Schulungsszenarios und der Aufbau des in Abb. 6.4 dargestellten Praxisdemonstrators werden im nachfolgenden Kapitel, aufgrund der zentralen Bedeutung für das Praxismodul SPS-Programmierung, detailliert erläutert.

6.3 Entwicklung eines praxisorientierten Schulungsdemonstrators

In diesem Abschnitt werden zunächst die relevanten Einflussfaktoren bei der Entwicklung eines geeigneten Schulungsszenarios detailliert beschrieben. Auf dieser Basis wird nachfolgend das Schulungsszenario für eine praxisnahe Vermittlung von Grundlagen der SPS-Programmierung vorgestellt.

6.3.1 Einflussfaktoren auf die Entwicklung des Schulungsszenarios

Aus der übergeordneten Zielsetzung der Weiterbildungsmaßnahme ergibt sich, dass ein Schulungsszenario dem Anspruch genügen muss, einen direkten **Bezug zur Logistik** herzustellen. Aufgrund der zahlreichen Anknüpfungspunkte zwischen Robotiksystemen und Automatisierungslösungen in teil- oder vollautomatisierten Materialflusssystemen muss auch die **Robotik und Automatisierungstechnik** einen zentralen Einfluss nehmen. Die gewählte Zielgruppe der Fachkräfte und an- und ungelernten Mitarbeiter/-innen aus KMU setzt einen verstärkten **Praxisbezug** voraus, um den späteren Transfer der vermittelten

Inhalte in das eigene Unternehmen zu ermöglichen. Des Weiteren müssen die besonderen Eigenschaften der adressierten **Zielgruppe** bei der Konzeption des Schulungsszenarios beachtet werden. Darüber hinaus dürfen auch der zur Verfügung stehende **Zeitrahmen** sowie die **Eingliederung des Praxismoduls in die gesamte Weiterbildungsmaßnahme** nicht vernachlässigt werden, um sowohl die Fokussierung auf die relevanten inhaltlichen Schwerpunkte sicherzustellen als auch Redundanzen zwischen den einzelnen Modulen zu vermeiden.

Nachfolgend sind die einzelnen Einflussfaktoren detailliert ausgeführt, die bei der Konzeption des Schulungsszenarios einzubeziehen waren.

- **Bezug zur Logistik:** Aufgrund des begrenzten zeitlichen Rahmens der einzelnen Weiterbildungsmodule beschränken diese sich, insbesondere im Rahmen der Vermittlung von praxisorientierten Inhalten, auf die Hauptfunktionen des Materialflusses in der Intralogistik: Fördern, Lagern und Handhaben (vgl. VDI-Richtlinie 2860 1990). Im Modul „Bedienprozesse/Programmierung, Beseitigung von Störungen und Fehlerdiagnose von Robotern in der Logistik" werden bereits die Funktionen Handhabung und Lagern praxisnah vertieft. Daher fokussiert dieses Modul auf die Funktion des Förderns.
- **Robotik und Automatisierungstechnik:** Die Einsatzpotenziale von Robotiklösungen in der Logistik sollen im Rahmen der Weiterbildung aufgezeigt und in den praktischen Schulungsanteilen realistisch abgebildet werden. Die potenziellen Einsatzgebiete von Roboterlösungen für intralogistische Aufgabenstellungen ergeben sich aus den Charakteristika der Stückgüter und der Menge, die im jeweiligen Anwendungsgebiet gehandhabt werden (vgl. Scholz-Reiter et al. 2008, S. 13). Dabei spielt auch die Interaktion zwischen Robotiksystemen und Automatisierungstechnik eine wichtige Rolle, um eine ganzheitliche Betrachtung von teil- oder vollautomatisierten Materialflusssystemen zu ermöglichen.
- **Praxisbezug:** Der Bezug zur Praxis muss gewährleistet sein, um den Teilnehmer/-innen die Relevanz für das eigene Arbeitsumfeld zu verdeutlichen und einen späteren Transfer der erlernten Kenntnisse zu ermöglichen. Aus den Erhebungen in den im Rahmen des Projekts RobidLOG durchgeführten Fallstudien konnten u. a. Prüfungen der Abmessungen einzelner Transporteinheiten für die Gewährleistung eines störungsfreien Materialflussprozesses in vollautomatisierten, logistischen Anlagen identifiziert werden. In dem betrachteten Fall wurden fehlerhafte Paletten ausgeschleust und in einer separaten Station einer manuellen Fehlerkorrektur unterzogen. An dieser Aufgabe orientiert sich das gewählte Szenario.
- **Zielgruppe:** Aus den im Rahmen der Erhebung gesammelten Erfahrungen richtet sich das Modul an die Zielgruppe der Fachkräfte und An- und Ungelernten, welche häufig in Logistikunternehmen anzutreffen sind. Aufgrund der ausschließlich kaufmännischen Ausrichtung der Qualifizierung für logistische Berufe sowie einem häufigen Quereinstieg in die Branche, können bei der Gestaltung der praxisnahen Module keine oder nur geringe technische Vorkenntnisse vorausgesetzt werden. Dies setzt eine zielgruppengerechte Gestaltung des Szenarios sowie eine dementsprechende Strukturierung der Lerninhalte voraus.

- **Zeitrahmen:** Aufgrund des Umfangs der Qualifizierungsmaßnahme kann in den Modulen mit praxisorientierten Inhalten an vielen Stellen nur ein Einstieg in die Thematik angeboten werden. Insbesondere Programmiertätigkeiten an Robotern verlangen eine zeitlich umfangreiche Auseinandersetzung mit der Thematik. Dies wird z. B. durch die notwendigen Sicherheitsunterweisungen verursacht. Der vorgegebene Zeitrahmen für die Durchführung des Moduls (vgl. Abb. 6.1) setzt sowohl eine kompakte als auch eine flexible Gestaltung der Übungs- und Programmieraufgaben voraus, die sich jederzeit am Fortschritt der Teilnehmergruppe orientiert.
- **Eingliederung in die Weiterbildungsmaßnahme:** Bei der Entwicklung der Schulungsumgebung sind die Inhalte der weiteren Module der Weiterbildungsmaßnahme zu beachten. Insbesondere die praxisorientierten Module, die sich ebenfalls an die Zielgruppe der Fachkräfte und An- und Ungelernten richten, sind hierbei in die Entwicklung einzubeziehen. In diesem Fall sind insbesondere die Inhalte des Moduls 4 relevant, die sich explizit auf die Programmierung von Robotern beziehen. Daher sind in Modul 2 „Technologische Grundlagen von Robotik in der Logistik" die Zusammenhänge zwischen Robotik und Automatisierungstechnik in einem logistischen Kontext aufzuzeigen.

Auf Basis der beschriebenen Einflussfaktoren können als zentrale Anforderungen an das Schulungsszenario der hohe Praxis- und Logistikbezug bei gleichzeitig kompakter Gestaltung der Schulung aufgrund des begrenzten Zeitrahmens abgeleitet werden. Daher muss anhand einer stark vereinfachten Situation die Relevanz von Automatisierungs- und Robotiklösungen für logistische Aufgabenstellungen aufgezeigt werden, die den Teilnehmer/-innen einen Einstieg in die Thematik bietet und gleichzeitig zu einer detaillierten Auseinandersetzung mit der Thematik motiviert.

6.3.2 Beschreibung des Schulungsszenarios SPS-Programmierung

Das gewählte Szenario zur Vermittlung der Grundlagen der SPS-Programmierung stellt eine Simplifizierung einer automatisierten Prüfungseinrichtung von Packstücken dar. Die Packstücke werden auf Fehler der rückwärtigen Flanke der einzelnen Packstücke geprüft, die z. B. aus einem vorgelagerten Faltprozess entstanden sein können. Dieses wird mit Hilfe eines Fördersystems umgesetzt, welches in der Logistik als ein Transportsystem zur diskontinuierlichen Beförderung bezeichnet wird, in dem das zu transportierende Gut über ein angetriebenes Transportnetz von einem definierten Eingang zu einem definierten Ausgang befördert wird (vgl. Gudehus 2012, S. 820). In diesem Fall wird ein flurgebundener Stetigförderer eingesetzt, der aus zwei separat angetriebene Rollenbahnen für die Förderung der Packstücke besteht. Zur Gewährleistung der erforderlichen Auslastung einer solchen Automatisierungslösung im Praxiseinsatz werden Standardpakete geprüft, die z. B. im Bereich E-Commerce in großen Volumina abgefertigt werden.

Im Schulungsszenario wird beispielhaft eine automatisierte Prüfung einer einzelnen Eigenschaft der Packstücke durchgeführt, die eine Einbindung von Sensoren (Lichtschranken), eine Ansteuerung von Förderbändern sowie die Ausschleusung beschädigter Packstücke vorsieht. Diese Aufgabenstellung ist an die in den Erhebungen erlebte automatisierte Prüfung von Paletten auf ein mögliches Übermaß angelehnt und kann einer störungsfreien Abfertigung der Standardpakete im weiteren automatisierten Materialfluss dienen. Dafür erfolgt zunächst die Positionierung eines Packstücks auf Förderband 1 (vgl. Abb. 6.5). Dieses Packstück wird in Richtung einer ersten Lichtschranke (S1) gefördert. An dieser Lichtschranke findet durch die Messung der Signalflanken eine Prüfung der Objekteigenschaften statt, die sich auf den ordnungsgemäßen Verschluss der Packstückrückseite bezieht. Das Packstück wird zum Warenausgang „Packstück verschlossen" weiter gefördert, wenn eine ordentliche Faltung vorliegt. Im Falle einer unsachgemäßen Faltung

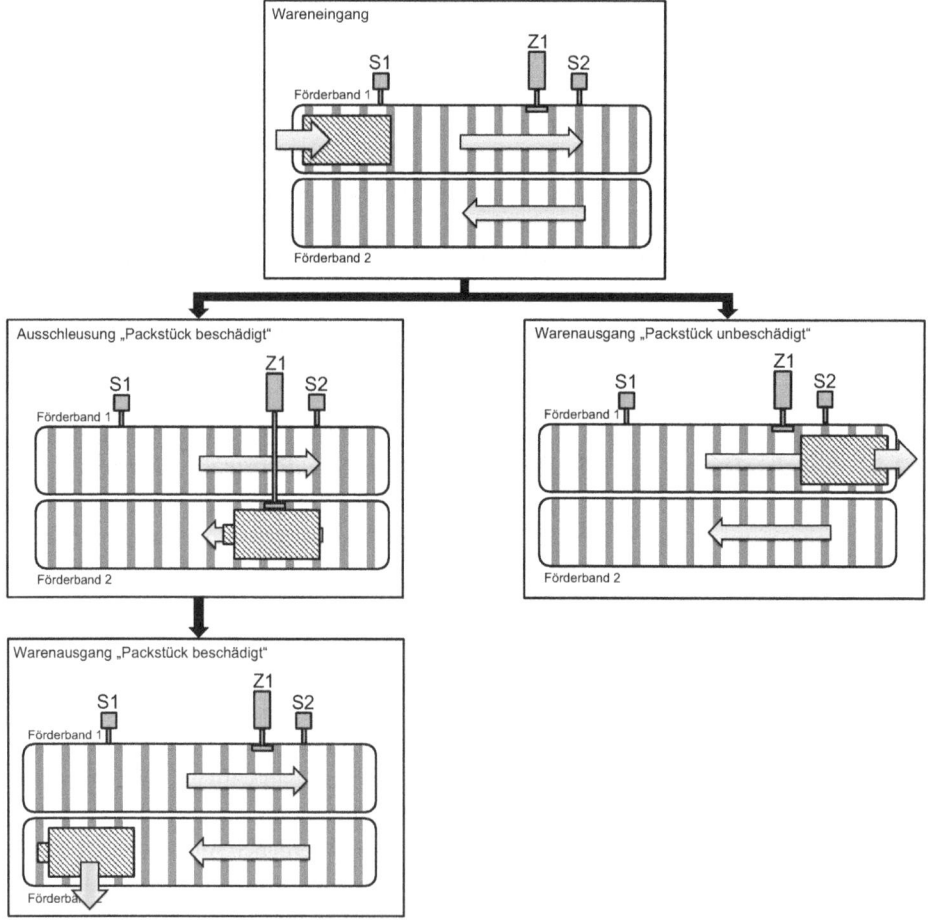

Abb. 6.5 Schematische Darstellung des Schulungsszenarios. (Quelle: Eigene Darstellung)

stoppt Förderband 1, sobald das Packstück die zweite Lichtschranke (S2) erreicht hat. Hier wird das Paket mit Hilfe eines Druckzylinders (Z1) auf Förderband 2 geschoben. Dieses läuft an und fördert das beschädigte Packstück in Richtung des Warenausgangs „Packstück nicht verschlossen".

Mit dieser Prüfeinrichtung wird nur ein Ausschnitt eines intralogistischen Materialflusses dargestellt, um dem gewählten Zeitrahmen für die Moduldurchführung gerecht zu werden. Darüber hinaus bietet die praxisnahe Vermittlung an einem Demonstrator den Teilnehmer/-innen die Möglichkeit, an einem einfachen Beispiel die Potenziale der Automatisierung in der Logistik zu erleben. Die Möglichkeiten zur Einbindung der abgebildeten Prüfstation in den intralogistischen Materialfluss können den Teilnehmer/-innen über die entsprechende Anbindung an weitere Förderstrecken, die Anbindung von Robotern zur Handhabung der Packstücke an den Ein- und Ausgängen der Prüfstation oder durch die Schaffung von Pufferflächen zur manuellen Handhabung der Packstücke aufgezeigt werden.

6.4 Durchführung und Erfahrungen der Dozenten und Teilnehmer/-innen

Der in diesem Beitrag vorgestellte Praxisanteil zur SPS-Programmierung wurde im Rahmen der Weiterbildungsmaßnahme Robotik in der Logistik im Modul 2 „Technologische Grundlagen der Robotik in der Logistik" durchgeführt. Nachfolgend werden zunächst die quantitativen Daten zur Durchführung dargestellt, darauf folgen die Erfahrungen der Dozenten sowie der Teilnehmer/-innen.

6.4.1 Durchführung des Weiterbildungsmoduls

Für die Durchführung des Moduls konnten 14 Teilnehmer/-innen gewonnen werden, deren Berufsabschlüsse in gewerblich-technische Ausbildungen und akademische Ausbildungen im Ingenieursbereich zu unterteilen waren. Die Teilnehmer/-innen wurden von zwei Dozenten betreut. Nach den einführenden Vorträgen standen die Dozenten den Kleingruppen bei der Bearbeitung der Übungsaufgaben für Rückfragen zur Verfügung und konnten bei der Vorstellung der Musterlösungen ihr Fachwissen in die Diskussion einbringen.

Den Teilnehmer/-innen des Moduls standen zur Bearbeitung der Übungsaufgaben fünf PC-Arbeitsplätze mit geeigneter Software zur Umsetzung und Simulation der gestellten Aufgaben zur Verfügung. Zur Bearbeitung der Übungsaufgaben wurden nun zunächst Kleingruppen gebildet, wobei bei der Zusammensetzung der Gruppen auf individuelle Vorkenntnisse geachtet wurde. Die Teilnehmer/-innen konnten die beschriebenen Aufgabenstellungen in den Kleingruppen, teilweise mit Hilfestellungen durch die Dozenten, lösen. Aufgrund der verschiedenen funktionsfähigen Lösungen und zahlreicher Rückfragen durch die Teilnehmer/-innen im Zusammenhang mit der Bearbeitung der ersten und zweiten Übungsaufgabe, nahm insbesondere die Vorstellung und Diskussion der Musterlösung mehr Zeit in Anspruch als geplant. Daher stand für die Bearbeitung der dritten Übungsaufgabe nicht mehr ausreichend Zeit zur Verfügung, sodass sich die Dozenten auf eine Vorstellung der Musterlösung beschränken mussten und daraufhin der Programmablauf am Schulungsdemonstrator präsentiert und diskutiert wurde.

6.4.2 Erfahrungen der Dozenten und Teilnehmer/-innen

Die Dozenten wurden im Anschluss an die Durchführung des Moduls in einem Experteninterview zu ihren Erfahrungen befragt. Es wurde durch die Dozenten festgestellt, dass die Kleingruppen aus maximal drei Teilnehmer/-innen bestehen sollten, um eine gute Arbeitsatmosphäre am jeweiligen gemeinsamen Arbeitsplatz zu schaffen, die jedem Gruppenmitglied eine konzentrierte Mitarbeit ermöglicht. Darüber hinaus muss jeder Arbeitsgruppe eine vollständige Softwareversion zur Verfügung stehen, damit die Möglichkeit der eigenständigen Überprüfung von Teilergebnissen durch Simulation jederzeit gegeben ist. Das Betreuungsverhältnis spielt aus Sicht der Dozenten für den Lernerfolg eine entscheidende Rolle. Bei der Anzahl von 14 Teilnehmer/-innen sollten für die Beantwortung von Rückfragen sowie zur Lösung von Problemen bei der Bearbeitung von Teilaufgaben mehr fachkundige Dozenten eingesetzt werden, um die Bearbeitungszeit der Übungsaufgaben zu verkürzen. Im Sinne der Differenzierung sollten die Übungsaufgaben variabler gestaltet werden, um das unterschiedliche Leistungsniveau sowie das eingebrachte Vorwissen der Teilnehmer/-innen auszugleichen und auf diese Weise die Wartezeiten auf andere Gruppen durch die Bearbeitung weiterführender Aufgaben sinnvoll zu nutzen. Abschließend wurde durch die Dozenten angemerkt, dass bei der Planung der Schulung mehr Zeit für die Vorstellung und Diskussion der Musterlösung der jeweiligen Übungsaufgabe eingeplant werden sollte, um die Möglichkeit zu bieten, auch auf individuelle Gruppenlösungen tiefer eingehen und Lösungsalternativen aufzeigen zu können.

Die Teilnehmer/-innen wurden nach Durchführung des Moduls mit Hilfe eines Onlinefragebogens nach ihren Erfahrungen befragt. Dabei wurden sowohl Mutiple-Choice-Fragen als auch offene Fragen gestellt. Zu den positiven Erfahrungen kann zunächst die Schulungsumgebung genannt werden, da die Teilnehmer/-innen sowohl die technische Ausstattung als auch die bereitgestellte Infrastruktur als angemessen empfunden haben. Die Arbeitsatmosphäre im Verlauf der Schulung wurde ebenfalls überwiegend als angenehm bewertet. Weiterhin wurde die Definition von Lernzielen, die fachliche Kompetenz und die Motivation der Dozenten sowie die Beantwortung von Fragen der Teilnehmer/-innen in der Bewertung positiv hervorgehoben. Des Weiteren konnten die Teilnehmer/-innen den Bezug zu Anwendungsbeispielen aus der Praxis sowie zu konkreten Arbeitsprozessen von Robotiklösungen im logistischen Anwendungskontext überwiegend herstellen. Insgesamt haben fast alle Teilnehmer/-innen die Anforderungen der Weiterbildungsmaßnahme als genau angemessen eingestuft.

Bei der Veranstaltungsdauer ist nach Meinung der Teilnehmer/-innen noch Verbesserungspotenzial gegeben. Sie bewerten den Lernerfolg in Bezug auf die kompakte Veranstaltungsform überwiegend als angemessen und würden das Weiterbildungsmodul zu einem großen Teil weiterempfehlen.

6.5 Fazit

Das Praxismodul SPS-Programmierung im Weiterbildungsmodul „Technologische Grundlagen von Robotik in der Logistik" im Rahmen der Weiterbildungsmaßnahme „Robotik in der Logistik" ist aus Sicht der Dozenten erfolgreich durchgeführt und von den Teilnehmer/-innen gut angenommen worden. Da es sich um die erstmalige Durchführung des Praxismoduls handelte, konnten einige Verbesserungspotenziale identifiziert werden, von denen insbesondere der zur Durchführung zur Verfügung stehende Zeitrahmen als nicht ausreichend empfunden wurde. Die Komplexität der Thematik und die zahlreichen Lösungsalternativen verursachen einen hohen Zeitbedarf bei der Diskussion der Ergebnisse. Bei einer weiteren Durchführung des Praxismoduls wären somit ein erweiterter Zeitrahmen die Voraussetzung, um eine fundierte Auseinandersetzung mit der SPS-Programmierung zu ermöglichen. Dies würde sowohl die Möglichkeit bieten, sich eingehend mit dem Praxisdemonstrator zu beschäftigen als auch einen direkten Bezug zur Robotik herzustellen. Bei einer Erweiterung des Praxisdemonstrators um eine angebundene Robotiklösung, welche z. B. die Standardpakete im Anschluss an die Sortierung palettiert, können die Zusammenhänge von Materialflusstechnik und Robotiksystemen in einem intralogistischen Materialflusssystem aufgezeigt werden. Auf diese Weise kann der Lernerfolg der Teilnehmer/-innen signifikant erhöht werden. Eine mögliche Lösung wäre die enge inhaltliche Verknüpfung des Praxisanteils SPS-Programmierung mit der Durchführung von Modul 4. Weitere mögliche Ergänzungen der Schulungsumgebung wären die Einbindung von Sensorik aus logistischen Anwendungsfällen, wie z. B. Näherungssensorik oder die sensorische Erfassung von Produkteigenschaften, sowie die Einbindung des Menschen zur Interaktion mit den Systemen, wie z. B. eine Unterstützung bei Kommissionieraufgaben oder der gemeinsamen Nutzung eines Arbeitsraums durch Mensch und Maschine.

Literatur

BMBF (Hrsg.): Industrie 4.0. Innovationen für die Produktion von morgen. http://www.bmbf.de/pub/broschuere_Industrie-4.0-gesamt.pdf (2014). Zugegriffen: 23. Feb. 2015

Bürger, T., Tragl, K.: SPS-Automatisierung mit den Technologien der IT-Welt verbinden. In: Bauernhansl, Th., ten Hompel, M., Vogel-Heuser, B. (Hrsg.) Industrie 4.0 in Produktion, Automatisierung und Logistik. Anwendung, Technologien und Migration, S. 559–569. Springer, Wiesbaden (2014)

Grendlinger, M.: Lern- und Bildungsmethoden in der Personalentwicklung. Überblick über die Instrumente und Lernmethoden in der betrieblichen Aus- und Weiterbildung mit vielen Anwendungs- und Fallbeispielen und Arbeits- und Entscheidungshilfen auch auf CD-ROM. PRAXIUM, Zürich (2011)

Gudehus, T.: Logistik 2. Netzwerke, Systeme und Lieferketten. Springer Vieweg, Berlin (2012)

John, K.-H., Tiegelkamp, M.: SPS-Programmierung mit IEC 61131–3. Konzepte und Programmiersprachen, Anforderungen an Programmiersysteme, Entscheidungshilfen. Springer, Dordrecht (2009)

Kagermann, H., Wahlster, W., Helbig, J.: Umsetzungsempfehlungen für das Zukunftsprojekt Industrie 4.0. Abschlussbericht des Arbeitskreises Industrie 4.0 (2013)

Kippels, D.: Materialfluss nimmt Kurs auf Industrie 4.0. VDI-Nachrichten, Ausgabe 46. https://www.vdi-nachrichten.com/Technik-Wirtschaft/Materialfluss-nimmt-Kurs-Industrie-40 (2014) Zugegriffen: 9. Jan. 2015

Overmeyer, L.: Automatisierung in der Materialflusstechnik, In: Grote, K.-H., Feldhusen, J. (Hrsg.) Dubbel. Taschenbuch für den Maschinenbau, S. U98–U105. Springer, Berlin (2011)

Scholz-Reiter, B., Kirchheim, A., Burwinkel, M., Echelmeyer, W., Rohde, M., Schmidt, K.: Automatische Entladung von Stückgütern durch ein kognitives Robotersystem. Ind. Manag. **24**(4), 13–16 (2008)

VDI-Richtlinie 2860: Montage- und Handhabungstechnik: Handhabungsfunktionen, Handhabungseinrichtungen; Begriffe, Definitionen, Symbole. Beuth, Berlin (1990)

Moritz Quandt ist wissenschaftlicher Mitarbeiter am BIBA – Bremer Institut für Produktion und Logistik an der Universität Bremen im Forschungsbereich „Intelligente Produktions- und Logistiksysteme". Nach einer Berufsausbildung zum Speditionskaufmann absolvierte er den Diplomstudiengang Wirtschaftsingenieurwesen an der Universität Bremen. Zu seinen Forschungsschwerpunkten gehören die Erfassung, Modellierung und Analyse logistischer Systeme sowie die Konzeption und Entwicklung von anwendungsorientierten Lösungen der Mensch-Technik-Interaktion. Moritz Quandt übernahm von Seiten des BIBA die Projektkoordination für das Forschungsprojekt „Robotik in der Logistik – zielgruppenspezifische Weiterbildung für Fachkräfte und Entscheidungsträger/-innen (RobidLOG)".

Rafael Mortensen Ernits ist wissenschaftlicher Mitarbeiter am BIBA – Bremer Institut für Produktion und Logistik an der Universität Bremen im Forschungsbereich „Intelligente Produktions- und Logistiksysteme". Nach dem Bachelorstudium der Mechatronik in Brasilien absolvierte er erfolgreich den Masterstudiengang Systems Engineering an der Universität Bremen. Zu seinen Forschungsschwerpunkten gehören die Erfassung, Modellierung und Analyse logistischer Systeme hinsichtlich der Einsatzpotenziale von Automatisierungstechnik sowie die Konzeption und Entwicklung von Greif- und Steuerungssystemen für Industrieroboter. Rafael Mortensen Ernits stand im Forschungsprojekt RobidLOG als Dozent im Modul „Technologische Grundlagen von Robotik in der Logistik" zur Verfügung. Darüber hinaus war er an Konzeption und Aufbau des „Schulungsdemonstrators SPS-Programmierung" maßgeblich beteiligt.

Moritz Rohde ist wissenschaftlicher Mitarbeiter am BIBA – Bremer Institut für Produktion und Logistik an der Universität Bremen im Forschungsbereich „Intelligente Produktions- und Logistiksysteme". Er absolvierte ein Studium der Produktionstechnik an der Universität Bremen. Zu seinen Forschungsschwerpunkten gehören die Erfassung und Optimierung logistischer Prozesse, insbesondere durch den Einsatz technischer Logistiklösungen sowie die aufgabenspezifische Entwicklung logistischer Robotiklösungen. Moritz Rohde stand im Forschungsprojekt RobidLOG als Dozent im Modul „Technologische Grundlagen von Robotik in der Logistik" zur Verfügung, war am Aufbau des „Schulungsdemonstrators SPS-Programmierung" beteiligt und begleitete das Projekt auf technischer Seite.

Durchführung des Weiterbildungsmoduls „Bedienen, Programmieren und Entstören von Robotern in der Logistik"

7

Tamara Riehle

Inhaltsverzeichnis

7.1	Einleitung	96
7.2	Vorgehensweise im Rahmen des Projektes	96
	7.2.1 Identifizierung der Zielgruppen	96
	7.2.2 Identifizierung der Weiterbildungsinhalte	96
	7.2.3 Didaktischer Ansatz	97
7.3	Entwicklung der Weiterbildungsmaßnahme	98
	7.3.1 Zielgruppenspezifikation	98
	7.3.2 Rahmenbedingungen	98
	7.3.3 Didaktische Ansätze des Dozenten	98
	7.3.4 Lehrinhalte und -ziele	100
	7.3.5 Inhaltliche und strukturelle Ausgestaltung des Weiterbildungsmoduls	101
7.4	Durchführung des Weiterbildungsmoduls	104
7.5	Reflexion	105
7.6	Fazit	108
Literatur		109

T. Riehle (✉)
Institut Technik und Bildung (ITB), Universität Bremen,
Bremen, Deutschland
E-Mail: riehle@uni-bremen.de

© Springer Fachmedien Wiesbaden 2016
F. Molzow-Voit et al. (Hrsg.), *Robotik in der Logistik*, DOI 10.1007/978-3-658-08575-9_7

7.1 Einleitung

Die zunehmende Automatisierung und der Einsatz von Robotertechnik in der Logistik erfordert verstärkt qualifizierte Fachkräfte, die geeignete Kompetenzen in der Einführung, Wartung und dem Umgang mit Robotertechnik haben. Da in der Logistik häufig spezifische Anforderungen und nicht standardisierte technische Lösungen vorherrschen, werden eigens für diesen Bereich konzipierte Aus- und Weiterbildungsmaßnahmen benötigt. Im Rahmen des anwendungsorientierten Forschungsprojektes RobidLOG wurde solch eine modular aufgebaute, zielgruppenspezifische Weiterbildung für Fachkräfte konzipiert und realisiert. Ziel des Weiterbildungsangebots war es, den Teilnehmern/-innen anhand von realistischen, praxisnahen Aufgaben die Entwicklung von beruflicher Kompetenz in der Anwendung der Robotik zu ermöglichen.

Der Beitrag zeigt im Folgenden die theoretische Grundlage der Konzeption und die Entwicklung der Weiterbildungsmaßnahme. Des Weiteren wird die Durchführung der Maßnahme skizziert und einer kritischen Reflexion unterzogen.

7.2 Vorgehensweise im Rahmen des Projektes

7.2.1 Identifizierung der Zielgruppen

Zur Identifizierung der Zielgruppen und der Inhalte der Weiterbildung wurden Fallstudien und Arbeitsprozessanalysen in Unternehmen durchgeführt. Im Rahmen der Fallstudien wurden u. a. Betriebsbegehungen absolviert und dabei unternehmensspezifische Aufgaben und Aufträge sowie deren Ausführende ermittelt.

Für die Konzeption entsprechender Weiterbildungsangebote wurden folgende Zielgruppen identifiziert, vgl. Molzow-Voit und Plönnigs (2015) in diesem Buch:

- Entscheidungsträger/-innen auf den Ebenen:
  - Geschäftsführung,
  - technische Leitung.
- Anwender/-innen:
  - Ausgebildete Fachkräfte, Meister/-innen und Techniker/-innen sowie
  - An- und Ungelernte.

7.2.2 Identifizierung der Weiterbildungsinhalte

Auf der Grundlage der Ergebnisse der Fallstudien erfolgten die Arbeitsprozessanalysen. Diese haben primär zum Ziel, das Arbeitsprozesswissen bzw. die Kompetenzen der agierenden Personen und die Bedingungsfaktoren, die zur Entwicklung beruflicher Kompetenz führen, zu erschließen (vgl. Becker und Spöttl 2008, S. 105).

Für die Zielgruppe der ausgebildeten Fachkräfte wurden zunächst mittels Arbeitsprozessanalyse Kernarbeitsprozesse ermittelt, denn eine „Sequenz von Kernarbeitsprozessen beschreibt […] das Qualifikationsprofil für einen Beruf auf der Facharbeiterebene" (Spöttl und Blings 2011, S. 59). Die Kernarbeitsprozesse werden durch Aufgabenbereiche und dazugehörige Dimensionen beschrieben.

Aus den Ergebnissen der Analysen konnten zunächst die benötigten Weiterbildungsmodule identifiziert und den Zielgruppen zugeordnet werden. Die ermittelten Prozesse wurden geclustert und in insgesamt sechs Weiterbildungsmodule mit grundlegenden Schwerpunkten zusammengeführt, vgl. Quandt et al. (2015) in diesem Buch.

7.2.3 Didaktischer Ansatz

Wie bei Blings (2015) in diesem Buch zu entnehmen ist, liefern die Arbeitsprozessanalysen zunächst Kernarbeitsprozesse mit:

- den Aufgabenbereichen der Facharbeit,
- den Gegenständen der Facharbeit,
- den Werkzeugen, Methoden und Organisation der Facharbeit sowie
- den Anforderungen an Facharbeit und Technik.

Daraus sind in einem ersten Schritt die Kompetenzbeschreibungen zu formulieren und operationalisierte Lehrinhalte festzulegen. Dazu wird eine differenzierte Beschreibung des Wissens und der Fertigkeiten und Fähigkeiten vorgenommen, die Fachkräfte erlangen müssen, um den Arbeitsprozess kompetent zu beherrschen.

Die Festlegung der Struktur der Lehrinhalte und die Planung der methodischen Umsetzung erfolgen im zweiten Schritt. Die Strukturierung der Lehrinhalte orientiert sich am Arbeitsprozess. Die Lerninhalte werden dabei konsequent in Bezug auf die zu erlangende berufliche Handlungsfähigkeit ausgewählt.

Die methodischen Umsetzungsmöglichkeiten sind sehr vielfältig – sie sind jedoch durch die soziokulturellen und anthropologischen sowie (infra-)strukturellen Rahmenbedingungen bedingt. Welche Artikulationsschemen bzw. Lehrverfahren, Lehransätze oder -formen, methodische Grundformen oder Lehrmethoden zur Umsetzung gewählt werden und welche didaktischen Prinzipien dabei leitend sind, hängt von den Lehrenden und ihren Lehrkonzepten ab. Hierzu gab es von Seiten der Projektleitung keine Vorgaben.

Das erste Lehr-/Lernarrangement wurde von einem Dozenten des ITW (Innovative Technische Weiterbildung Osnabrück) entwickelt und durchgeführt. Im Folgenden wird die Vorgehensweise bei der Entwicklung und Durchführung eines realisierten Weiterbildungsmoduls skizziert.

7.3 Entwicklung der Weiterbildungsmaßnahme

Die realisierte Weiterbildung ist dem Modul 4 „Bedienprozesse/Programmierung, Beseitigung von Störungen und Fehlerdiagnose von Robotern in der Logistik" zuzuordnen. Zunächst wurde für die Zielgruppe das Modul spezifiziert, die Rahmenbedingungen erhoben und die Organisation der Durchführung festgelegt. Die Konzeption und die Umsetzung des Moduls oblagen dem ausführenden Dozenten.

7.3.1 Zielgruppenspezifikation

Die Weiterbildungsmodule wurden für Facharbeiter/-innen, Meister/-innen und Techniker/-innen aus dem gewerblich-technischen Bereich (berufliche Fachrichtung Metalltechnik) entwickelt. Bei dieser Zielgruppe konnten Grundkenntnisse in der Automatisierungstechnik vorausgesetzt werden.

7.3.2 Rahmenbedingungen

Das Projekt sah insgesamt sechs Weiterbildungsmodule zu Robotiksystemen im Anwendungsfeld Logistik vor. Die Module richteten sich an verschiedene Zielgruppen – an Geschäftsführung, technische Leitung bis zu den Fachkräften und An- und Ungelernten – und sollten unabhängig voneinander absolviert werden können. Der Umfang der Module variierte in Abhängigkeit von der Zielgruppe und den Inhalten.

Für die hier im Detail besprochene Weiterbildung „Bedienprozesse/Programmierung, Beseitigung von Störungen und Fehlerdiagnose von Robotern in der Logistik" wurden 16 h angesetzt, die in einem Zwei-Tage-Block realisiert wurden.

Für die zweitägige Weiterbildung konnte die hervorragende Infrastruktur einer Berufsbildenden Schule in Osnabrück genutzt werden. Dort standen fünf komplett eingerichtet Lern- und Arbeitsplätze zur Automations- und Robotertechnik zur Verfügung. Jeder Arbeitsplatz ist mit einer FESTO-Roboterzelle „Robot Station" und mit einem Roboter RV-2SDB der Firma Mitsubishi ausgerüstet (vgl. Abb. 7.1). Für die Programmierung der Roboter wird die Software CIROS®Robotics verwendet.

7.3.3 Didaktische Ansätze des Dozenten

Der Dozent wählte für das Modul einen handlungsorientierten Ansatz. Er bezog sich dabei auf Aebli (1985), wonach Lernprozesse immer an Handlungen (konkret oder formal) gekoppelt sind. Die Theorie geht davon aus, dass der Aufbau von Kognition und Handlungskonzepten über aktive Auseinandersetzung mit Lerngegenständen erfolgt. Denkstrukturen

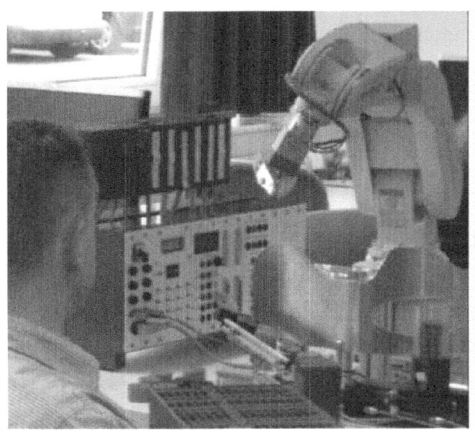 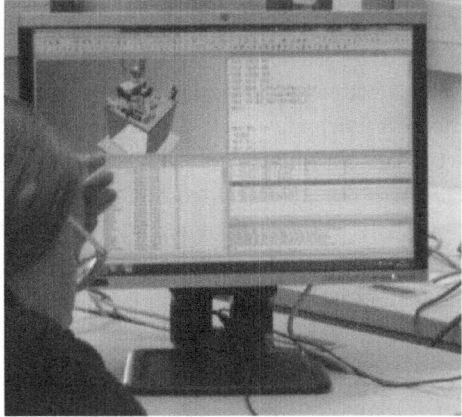

Abb. 7.1 Roboterzelle „Robot Station" und Software CIROS®Robotics. (Quelle: ITB, Osnabrück 2014)

entwickeln sich demnach aus Interaktion vom Menschen mit seiner Umwelt (vgl. Riedl 2004, S. 85).

Die Berufswissenschaften haben diesen lernpsychologischen Ansatz aufgegriffen, für die berufliche Bildung spezifiziert und weiterentwickelt. Es entstanden differenzierte Konzepte und Theorien, die nach wie vor bei der Gestaltung von Lehr-/Lernarrangements herangezogen werden.

Die handlungsorientierte Lehreinheit wurde mittels Lern- und Lehraufgaben realisiert. Bei Lern- und Arbeitsaufgaben handelt es sich um einen didaktischen Ansatz, der die aktive Auseinandersetzung mit berufspraktischen Aufgaben vorsieht. Es sollen individuelle Lernprozesse bei den Lernenden angeregt werden. Die Aufgaben sollten dazu an der beruflichen Realität angelehnt sein und problemhaltige Situationen vorsehen, die den Lernenden eine Entwicklung von beruflicher Handlungskompetenz ermöglichen. Es wird davon ausgegangen, dass mit dem Aneignen von theoretischen Sachverhalten in konkreten Handlungssituationen berufliche Handlungsschemata entwickelt bzw. erworben werden, die auch auf andere Handlungssituationen transferiert werden können (vgl. Ott 2007, S. 40). Eine lerntheoretische Fundierung dieses Ansatzes liefern Befunde der Kognitionswissenschaft zur situierten Kognition. Diese gehen davon aus, „dass Wissen immer in einem bestimmten Kontext gewonnen wird. D. h. die Anwendung des Gelernten ist nicht unabhängig von der Situation in der gelernt wurde. Je ähnlicher Lern- und Anwendungskontext sind, umso sicherer kann das Wissen in erfolgreiches Handeln umgesetzt werden" (Tippelt und Schmidt 2005, S. 9).

Die Lern- und Arbeitsaufgaben können je nach Zielgruppe unterschiedlich ausdifferenziert sein. Je nach Ausführung und Formulierung der Fragen können damit unterschiedliche Lernpotenziale erschlossen werden. Zum Beispiel sollen sich Lernende Kenntnisse und Fertigkeit zur Bewältigung von konkreten Arbeitsaufgaben aneignen, auf andere Arbeitsaufgaben übertragbare Kompetenzen erwerben oder kritisch mit der Arbeitsaufgabe auseinandersetzen und alternative Lösungen entwickeln und umsetzen (vgl. Howe et al. 2002).

Im konkreten Fall wurden die Lern- und Arbeitsaufgaben dahingehend konzipiert, dass die Lernenden sich Kenntnisse und Fertigkeiten zur Robotertechnik aneignen. Ein Erwerb von beruflichen Handlungsschemata im Sinne einer beruflichen Handlungsfähigkeit, orientiert an einem realen Arbeitsprozess, war in diesem Konzept nur schwach vertreten. Die schriftlich fixierten Aufgaben sollten von den Lernenden selbständig bearbeitet werden. Zunächst waren die Aufgaben noch kleinschrittig angelegt. Mit fortschreitender Vertiefung wird der Lehrprozess jedoch immer offener gestaltet, die Aufgaben werden komplexer und lassen verschiedene Lösungsansätze zu.

7.3.4 Lehrinhalte und -ziele

Basis für die zielgruppenspezifische Weiterbildung waren die Ergebnisse aus den Arbeitsprozessanalysen. Mittels dieser konnten fünf Kernarbeitsprozesse auf der operationalen Ebene identifiziert werden:

- Start, Umsetzung, Gestaltung und Beendigung des Bedienungsprozesses,
- Inspektion und Wartung vornehmen und gestalten,
- Reparatur und Optimierung an Robotern und automatisierten Systemen vornehmen und gestalten,
- Störfälle im Prozess beseitigen,
- systematische Fehlersuche im Prozess durchführen.

Diese Kernarbeitsprozesse bildeten das inhaltliche Fundament für das Weiterbildungsmodul. Der Dozent entschied sich jedoch unter Berücksichtigung der Adressaten und den gegebenen Rahmenbedingungen, zunächst auf die Grundlagen zur Robotertechnik und Bedienung der Anlagen zu fokussieren. Es wurden Teilaspekte aus den Arbeitsprozessen isoliert und entsprechend (sachlogisch) aufbereitet. Somit wurde das Weiterbildungsmodul weniger an einem realen Arbeitsprozess orientiert. Ziel des Lehrenden war, dass die Lernenden am Ende des Moduls die Konfiguration, Bedienung und Inbetriebnahme sowie die Programmierung von Industrierobotern durchführen können. Sie sollten grundlegendes Wissen und Basisfertigkeiten im Umgang mit Robotern erworben haben. Um dieses Ziel zu erreichen, sollten von den Lernenden Inhalte, wie in der folgenden Übersicht aufgeführt, erarbeitet werden.

Lerninhalte des Weiterbildungsmoduls (vgl. ITW 2014)
- Sicherheit an Robotern
- Konfiguration und Bedienung von Industrierobotern
- Initialisierung/Referenzieren
- Inbetriebnahme von Industrierobotern
- Beweglichkeit des Roboters
- Programmierung mittels Simulationswerkzeugen
- Teach-In-Verfahren
- Umgang mit 6-Achs-Roboter
- Umgang Teach-In-Box
- Bewegungsbefehle
- Geschwindigkeitsbefehle
- Möglichkeiten der Offline-Programmierung:
  - Softwareumgang,
  - Umgang mit dem Modelexplorer und interne E/A-Anbindung;
  - konkrete Umsetzung auf Roboterhardware: Einstieg Offline-Programmierung
- Positionslisten optimieren/Teachen
- Online-Anbindung an Robotern
- Harmonisierung der Bewegung/Fehlersuche

7.3.5 Inhaltliche und strukturelle Ausgestaltung des Weiterbildungsmoduls

Thema des Weiterbildungsmoduls
Thema des Moduls war „Sortierung und Palettierung". Die Konzeption sah eine komplexe Aufgabe vor, die programmatisch für die Inhalte der Weiterbildung stand. Die übergeordnete Aufgabe lautete:

„Ihr Unternehmen setzt sich in vielen ihrer Anwendungen mit dem Handling und der Sortierung von Materialen und Werkstücken auseinander. In einer der Anwendungen geht es um die Sortierung von Zylindern, die zukünftig von einem Roboter vorgenommen werden soll. Sie sind beauftragt, den Prototypen einer Roboterzelle in Betrieb zu nehmen, zu testen und Sensoren über die Programme anzusprechen" (ITW 2014)."

Diese Aufgabe wurde in neun sogenannte Lernsituationen gegliedert, die von den Lernenden im Team bearbeitet werden mussten. Jede dieser Teilaufgaben kann als ein in sich abgeschlossenes Themengebiet betrachtet werden. Die Themengebiete bauen fachlich aufeinander auf und sind im Grunde sachlogisch strukturiert. Die Themen waren wie folgt ausgewiesen:

- Installation und Inbetriebnahme des Roboters,
- Beweglichkeit des Roboters,
- Programmtest Zelle First Steps (FS),
- Einstieg Offline-Programmierung,
- Programm Zylindersortierung/Programm MPS,
- Positionsliste optimieren/Teachen,
- Programmoptimierung,
- Programmübertragung via Software CIROS®Studio.

Ausführung der Lern- und Arbeitsaufgaben

Eine typische Aufgabenstellung soll im Folgenden beispielhaft an der Lernsituation 1.3 Programmtest Zelle, First Steps gezeigt werden. Für die Darstellung in Abb. 7.2 und Abb. 7.3 wurden die Texte des Skriptes übernommen, jedoch auf die Bilder verzichtet. Das Lernskript besteht aus einer übergeordneten Aufgabe, Teilaufgaben und Hinweisen zur Aufgabenbearbeitung. Ergänzt werden die Aufgaben durch Bilder. Weiterführendes Informationsmaterial, Bedienungsanleitungen etc. befanden sich im Anhang des Skriptes.

Lernsituation 1.3: Programmtest Zelle First Steps
Die Anwendung der Zylindersortierung, die zukünftig von einem Roboter übernommen werden soll, ist eine typische Aufgabe für einen 5-oder 6-achsigen Knickarmroboter. Die Prototypenzelle und die Zellen zum Einstieg in die Robotik bestehen aus einem Zellenaufbau ohne Schutzkäfig. Da es sich in Ihrem Fall um Testaufbauten handelt und Sie den Roboter hauptsächlich im Handbetrieb (250mm/s) bewegen, ist der Roboter zunächst ohne Zellenkäfig ausgestattet.   **Beachten Sie die mitgelieferten Betriebsanweisung für den Roboter** (BGI 578 – Sicherheit durch Betriebsanweisungen im Anhang)   Machen Sie sich zunächst mit der ersten Zelle vertraut.
Weitere Zelleninformation: Die vorhandene Zellenapplikation ist dem Modell in der Offline-Software CIROS Robotics detailgetreu nachgebildet.   Der Zellenaufbau ist von Würfeln auf runde Zylinder abgeändert worden, da der anschließende Zellenaufbau mit den gleichen Greifbacken auskommt. [Bilder]
Die Aufgabe der Roboterstation besteht darin, einfache Werkstücke (Objektname ZYL1, ZYL2 und ZYL3) mit dem RV-2SDB-Roboter nacheinander von ihren Palettenablagepunkten aufzunehmen, zu einem Ablagepunkt zu transportieren und schließlich zu positionieren. Sie müssen zunächst die Position überprüfen und ggf. nachprüfen.   Diese Aufgabe ist ein typisches Beispiel für sogenannte Pick-and-Place-Anwendungen. Diese Applikationen sind in der Industrie sehr weit verbreitet, sie werden bei fast allen Füge- und Montageanwendungen und in der Logistik in ähnlicher Form eingesetzt. Charakteristisch bei Anwendungen ist, dass ein Werkstück gegriffen wird (pick), dann transportiert und schließlich eingefügt oder abgelegt (place) wird.

Abb. 7.2 Ausschnitt einer Aufgabe in der Lernsituation 1.3 – Teil 1. (Quelle: Eigene Darstellung nach ITW 2014)

7 Durchführung des Weiterbildungsmoduls ...

Der Roboter wurde Ihnen für diesen Testaufbau mit einem fertigen Programm ausgeliefert, das sich auf der Steuerung des Roboters unten dem Namen FS-mb4 befindet. Dem Roboterproramm ist die Positionsliste FS.pos angehängt. *Da Ihnen im Hallenbereich/Testraum Ihres Unternehmens an den Robotern selbst zunächst kein Laptop zur Verfügung steht, soll die Überprüfung des Programm First Steps (FS) zunächst mit dem TB erfolgen.*
Hinweis! Fahren Sie zunächst den Programmteil des Programms FS.mb4 ohne das Einlegen eines Bauteils ab, um Kollisionen zu vermeiden! Legen Sie erst danach ein Werkstück ein.
CR1DA-Steuerung von Mitsubishi (Erläuterung Anhang) [Bild] Stellen Sie die Robotersteuerung mit Hilfe des Schlüsselschalter unter MODE auf die Position TEACH. [Bild] Nach den Startbildschirmen wählen Sie über Menü das Programm aus. [Bilder]
Sie sollten nun mit dem „Debugger" das Programm testen, um somit das ihnen unbekannte Programm zellenweise nachzuprüfen und kennen zu lernen.
Öffnen Sie die Programmliste des Roboters. [Bild] Öffnen Sie nun das Programm FS [Bild] Öffnen Sie nun das Debugging-Fenster über „DEBUG". [Bild]
Überprüfen Sie nun die Verfahrenswege und Programminhaltezeilenweise. Probieren Sie auch die anderen Möglichkeiten des Debugging aus und machen Sie sich gleichzeitig nochmals mit den Befehlen und deren Wirkung vertraut.
Um nun die Zeilen nacheinander abzuarbeiten , müssen Sie den Totmannschalter gedrückt halten und den SERVO-Ein-Schalter einmalig drücken. Über die entsprechend gedrückt gehaltene (+)-Taste über TB über „STEPFORWD" können Sie das Programm abarbeiten. Dazu müssen vorher zusammen mit dem Totmannschalter die Servos eingeschaltet werden. [Bilder]
Sie bemerken sicherlich, dass Ihr Programm nicht vollständig ist und sich die gestellte Aufgabe so nicht lösen lässt. Da Sie in der Testphase mit mehreren Kollegen am Roboter arbeiten, sollten Sie nun die Möglichkeit haben, das Programm nach bereits erwähnter Anfangsstruktur weiter zu bearbeiten bzw. zu schreiben.
.....

Abb. 7.3 Ausschnitt einer Aufgabe in der Lernsituation 1.3 – Teil 2. (Quelle: Eigene Darstellung nach ITW 2014)

7.4 Durchführung des Weiterbildungsmoduls

Die Weiterbildung begann mit einer theoretischen Einführung zum Thema Industrierobotik – Grundlagen, Einsatzgebiete, Teilsysteme. Der Dozent gab darin einen Überblick zu den Einsatzgebieten von Industrierobotern, ging auf die verschiedenen Bauarten von Robotern ein, erläuterte die Teilsysteme und die einzuhaltenden Sicherheitsvorschriften.

Die einzelnen Inhalte sind in der folgenden Übersicht dargestellt:

Industrierobotik – Grundlagen, Einsatzsysteme, Teilsysteme
- Einsatzgebiete, Marktsituation und Entwicklungen in der Robotik,
- Wichtige Robotertypen/Peripherie,
- Mechanischer Aufbau und Kinematik,
- Koordinatensysteme von Robotern,
- Grundlagen der Sicherheitsaspekte in der Robotertechnik,
- Kenngrößen von Industrierobotern,
- Teilsysteme von Robotern,
  - Führungsgetriebe,
  - Roboterantriebe,
  - Sensorik, Sicherheit etc.

Nach diesem Überblick wurden Arbeitsgruppen gebildet. Kriterien für die Bildung der Gruppen waren Vorbildung und Leistungsniveau. Es gab insgesamt vier Gruppen, die sich wie folgt zusammensetzten:

- Meister/-innen und Facharbeiter/-innen,
- Techniker/-innen und Meister/-innen,
- Facharbeiter/-innen (Metalltechnik),
- Abiturienten ohne berufliche Ausbildung.

Die Gruppen erhielten die Lern- und Arbeitsaufgaben und bearbeiteten diese in den zwei Tagen größtenteils selbständig. Der Lehrende stand für Fachfragen zur Verfügung. Die Gruppen organisierten ihre Lerneinheiten autonom. Mit der Zeit kristallisierten sich „Spezialisten" für bestimmte Bereiche (Roboterbedienung, Programmierung) heraus und die Gruppen begannen arbeitsteilig zu arbeiten.

Für die Betreuung stand dem Dozenten eine weitere Lehrkraft zur Verfügung. Die Intensität der Betreuung variierte stark; sie korreliert u. a. mit dem Leistungsniveau der Gruppen und auftretenden technischen Schwierigkeiten. Die hin und wieder auftretenden technischen Probleme konnten mit Hilfe des Dozenten gelöst werden. Es zeigte sich jedoch, dass gehäuft auftretende Schwierigkeiten mit der Technik und langwierige Fehlersuche dazu führten, dass sich die Arbeitsgruppen teilweise auflösten.

Einige Mitglieder beteiligten sich an der Fehlersuche, andere nutzten die Zeit, um mit den anderen Gruppen Lösungsansätze zu diskutieren. Häufig auftretende technische Schwierigkeiten oder Fehler im System, die zu längeren Unterbrechungen führten, hatten bei einzelnen Teilnehmer/-innen einen Motivationsabfall zur Folge. Es zeigte sich, dass die Gruppe der Abiturienten ohne beruflichen Hintergrund mit steigender Komplexität der Aufgaben die intensivste Betreuung durch die zweite Lehrkraft benötigten. Mit fortschreitenden Aufgaben hatten sie sowohl mit dem selbstständigen Arbeiten Schwierigkeiten als auch (technische und strukturelle) Verständnisprobleme. Die Überforderung dieser Gruppe wurde mithilfe umfangreicher Lernbegleitung kompensiert, sodass alle Gruppen die gesetzten Lehrziele erreichten. Die Niveauunterschiede zeigten sich vor allem in der benötigten Lernzeit und bei der abschließenden Lernstanderhebung.

7.5 Reflexion

Rückmeldung der Teilnehmer/-innen
Die Weiterbildung wurde von den Teilnehmern/-innen vornehmlich positiv bewertet (vgl. Plönnigs 2014). Die Lernatmosphäre wurde als gut beurteilt und Inhalt sowie Umfang der Weiterbildung als angemessen empfunden. Die Lernziele seien für die Teilnehmenden klar definiert gewesen und der strukturelle Aufbau sowie der „rote Faden" gut erkennbar. Kritsch wurde die kompakte Umsetzung der Weiterbildung gesehen und die als zu lang empfundene theoretische Einführung. Außerdem wurden fehlende praxisorientierte Beispiele bzw. Bezüge zu realen Arbeitsprozessen bemängelt.

Realisation der Weiterbildung
Interessant sind die Ergebnisse für die fachdidaktische Forschung. Bei der genaueren Betrachtung des Ablaufes der Weiterbildung fällt auf, dass trotz des handlungsorientierten Konzeptes und dem Ansatz der Lern- und Arbeitsaufgaben das Lernarrangement im Grunde strukturlogisch konzipiert ist. Der Bezug zu einem realen Arbeitsprozess war nur bedingt vorhanden, der Erkenntnisweg verhältnismäßig eng geführt. Das zugrundeliegende didaktische Prinzip ist „vom Einfachen zum Schwierigen". Die Aufgaben werden zunehmend komplexer, bauen jedoch aufeinander auf und sind in der zweiten Phase an der Programmlogik angelehnt und nicht an einem realen Arbeitsprozess orientiert. Dies lässt sich exemplarisch an zwei Punkten der Konzeption verdeutlichen:

Das Artikulationsschema des Dozenten sieht einen theoretischen Einstig mittels Vortrag vor und anschließend die selbständige Bearbeitung von Lern- und Arbeitsaufgaben. Der Vortrag hatte die Grundlagen zur Robotertechnik zum Inhalt. Es wurde darauf verzichtet, diese Inhalte von den Lernenden selbst erarbeiten zu lassen. Dies wäre im Rahmen der späteren Aufgaben durchaus möglich gewesen, indem sie bspw. für die übergeordnete Aufgabe selbst einen Roboter auswählen und ihre Wahl gegenüber einer (imaginären) Geschäftsleitung begründen müssen. Mit diesem Szenario hätte der Lerninhalt praxisrelevanter und sinnfälliger erworben werden können. Ist dieses Vorgehen womöglich dem zeitlichen Rahmen und den didaktischen Überlegungen zu den Lehrinhalten geschuldet?

Jedenfalls ist es symptomatisch für eine sachlogisch geprägte, didaktische Struktur, zunächst die Theorie bzw. das theoretische Grundwissen zu behandeln und erst im Anschluss daran die aktive Aneignung von Handlungsschemata zu realisieren.

Deutlich zeigt sich diese Ausrichtung auch bei den Lern- und Arbeitsaufgaben. Das Konzept sieht zu Beginn der Selbstlernphase eine Aufgabe vor, die eher untypisch ist für einen arbeitsprozessorientieren Ansatz: „Vertraut machen mit Werkzeugen, Roboter, Schnittstelle Programmierung und Programmbedienung". Anhand von praxisnahen Aufgaben werden in dieser Phase Grundlagen wie bspw. Handhabung des Bedienpanels oder Bezeichnungen der Achsgelenke erarbeitet. Die didaktische Absicht scheint dabei zu sein, dass die Teilnehmer/-innen zunächst die Grundlagen (z. B. Aufbau und Funktionsweise von Robotern) und Werkzeugen (Softwareprogramme) beherrschen lernen, bevor sie eine berufliche Handlungskompetenz im Kontext spezifischer Arbeitsprozesse (hier Warten und Instandhalten) entwickeln können. Mit Fortschreiten der Aufgaben lernen die Teilnehmer/-innen immer mehr Funktionen der Robotersteuerung und -programmierung kennen und anwenden. Es wird eine breite Wissensbasis geschaffen und auch systematische Vorgehensweisen werden eingeübt. Inwieweit mit diesem Verfahren eine Handlungskompetenz in Sinne einer beruflichen Handlungsfähigkeit entwickelt wurde oder ob den Lernenden ein Transfer auf reale Arbeitsprozesse gelingt, ist noch zu prüfen.

Somit wird eine deutliche Diskrepanz zwischen dem arbeitsprozessorientierten Konzept, welches auf Basis der Arbeitsprozessanalysen entwickelt wurde, und der didaktischen Umsetzung der Weiterbildung vor allem in Bezug auf die Inhalte und Vorgehensweise erkennbar. Es stellt sich die Frage, warum bei der Konzeptionierung des beobachteten Weiterbildungsmoduls ein an realen Arbeitsprozessen orientierter Ansatz nur bedingt realisiert wurde. Der Ansatz der Handlungsorientierung hat sich schon seit einiger Zeit in den Institutionen durchgesetzt aber ein Lehrkonzept, das die Aneignung und Entwicklung von Wissen und Können bzw. beruflicher Handlungskompetenz entlang eines Arbeitsprozesses fördert, ist immer noch selten zu finden. Dieser Befund lässt sich trotz Einführung von Lernfeldern oder kompetenzorientierten Weiterbildungen immer noch häufig feststellen. Becker (2013, S. 2) konstatiert dazu: „In der Berufsbildungspraxis begegnet man diesem Phänomen in der Form eines Einstiegs aus der Arbeitswelt (Kundenauftrag, Problemstellung, Aufgabe, Fall) und einem auf die Klärung fachsystematischer Zusammenhänge ausgelegten Hauptteil im Unterricht, der ggf. methodisch handlungsorientiert angelegt ist. Eine Aufarbeitung der für den Beruf relevanten Inhalte und Theorie unterbleibt dann in vielen Fällen.". Es scheint sich hier um ein „Schnittstellenproblem" zwischen Curriculumforschung, didaktischen Theorien und Handlungsroutine von Lehrenden zu handeln. Auch in dem beobachteten Beispiel hatte der Dozent Zugang zu den Analysen der Arbeitsprozesse, war jedoch nicht in die Entwicklung der Gesamtkonzeption involviert. Die Reduktion der Inhalte und die Wahl des Lehransatzes könnten verschiedene Gründe haben. Er konzipierte das hier beschriebene Weiterbildungsmodul unter Berücksichtigung u. a. der (infra-)strukturellen und organisationstechnischen Gegebenheiten. Möglicherweise ging der Dozent davon aus, dass die didaktische Umsetzung der Lerninhalte eines kompletten Kernarbeitsprozesses den vorgegebenen Rahmen von 16 h sprengen würde. Somit mussten die Inhalte reduziert und auf ein Thema fokussiert werden.

Generell scheint eine Realisierung von arbeitsprozessorientierten Lehr-/Lernarrangements daran zu scheitern, dass ein Arbeitsprozess in seiner ganzen Komplexität in einem Schulungscenter nicht nachgestellt werden kann. Es wird in der Regel auf (reduzierte) Modelle zurückgegriffen, an denen Teilaspekte des beruflichen Handelns gelernt und erprobt werden können. Die Modelle werden dabei mehr an den Lerninhalten und der Lehrorganisation ausgerichtet und weniger an der Betriebswirklichkeit. Berücksichtigt wird dabei auch die häufig heterogene Zusammensetzung der Teilnehmer/-innen der Weiterbildung – betriebsspezifische Vorgehensweisen oder Arbeitsprozesse, die für alle Teilnehmenden relevant wären, lassen sich deshalb im Vorhinein nur schwer identifizieren. Dies kann wiederum zur Folge haben, dass die Lehrinhalte so sehr verallgemeinert und entsprechend didaktisch aufbereitet werden, dass dem sachlogischen Ansatz Vorschub geleistet wird. Darüber hinaus kann spekuliert werden, ob fehlende Kenntnisse in Bezug auf reale Arbeitsprozesse seitens der Lehrenden eine Ursache dafür sein könnten, entsprechende Konzepte nicht zu realisieren. Berufswissenschaftler/-innen fordern daher schon länger, dass Lehrkräfte für berufliche Schulen bereits im Studium die Möglichkeit für Arbeitsprozessstudien und systematische Erhebungen mit wissenschaftlichen Methoden erhalten (vgl. Becker und Spöttl 2005).

Zum anderen ist das anfangs skizzierte Phänomen systemimmanent. Mit der Arbeitsprozessanalyse wird erhoben, welche Kompetenzen Facharbeiter/-innen aufweisen müssen, um die Arbeitsaufgabe zu bewältigen. Die Frage nach der Umsetzung, also wie ein Lehr-/Lernarrangement methodisch auszugestalten ist oder wie die Inhalte strukturiert werden sollten, damit Lernende diese Kompetenzen entwickeln können, wird dabei nicht weiter erörtert. Diese Frage muss von Lehrenden expliziert werden (vgl. Berben 2008 sowie Spöttl et al. 2003). Becker (2013, S. 15) stellte dazu fest, dass Lehrpläne bzw. Kompetenzbeschreibungen normative curriculare Elemente sind, die nicht geeignet seien, um daraus Lernsituationen abzuleiten. Damit wird das Dilemma, in dem sich Lehrende befinden, deutlich. Zudem wird nachvollziehbar, warum sie bei der oft zeitlich stark reglementierten Planung von Lehr-/Lernarrangements auf erprobte Konzepte bzw. etablierte Handlungsmuster zurückgreifen.

Unter Berücksichtigung der Gegebenheiten stellt sich somit die Frage, wie es gelingen kann, an die vorhandenen Konzepte anzuknüpfen und den Übergang zu Ansätzen, die die Arbeitsprozessorientierung im Fokus haben, zu fördern? Sollte man aufbauend auf den bestehenden konzeptionellen Ideen, wie sie bei der Weiterbildung in Osnabrück dominierten, zusätzliche Schulungen realisieren, die sich dann stärker am arbeitsprozessorientierten Ansatz orientieren? Oder sollte der arbeitsprozessorientierte Ansatz im Zuge einer Neukonzeption konsequent verfolgt werden? Für welche Variante man sich auch entscheidet, in letzter Konsequenz bedeutet das für die Entwicklung von Weiterbildungen mit dem arbeitsprozessorientierten Ansatz:

- eine zeitintensive Vorbereitungsphase einzuplanen,
- Arbeitsprozessanalysen in Kooperation mit den Dozenten/-innen durchzuführen,

- Lernsituation und Lernmaterialen zielgruppenspezifisch zu entwickeln und zu gestalten,
- reale Arbeitsplätze für die Weiterbildung ggf. sogar in den Betrieben bereitzustellen und eine enge Kooperationen zwischen den verschiedenen Lernorten zu gewährleisten,
- ein Konzept mit operationalisierten Kompetenzbeschreibungen detailliert, didaktisch aufzubereiten (Inhalte, Strukturen und Methoden).

Darüber hinaus wäre es erforderlich, die Lehrenden in die Lage zu versetzen, entsprechende Lehrkonzepte zu entwickeln und zu gestalten. Zielgerichtete Aus- und Weiterbildungsangebote für Lehrende und intensivere Kooperationen mit den Betrieben könnten ein erster Schritt sein. Fundierte didaktische Theorien und die Bereitstellung von Best-Practice-Beispielen mit ausgearbeiteten Konzepten und dem dazugehörigen Lehr-/Lernmaterial, welches mit nur geringen Anpassungen einsatzbereit wäre, könnten dazu beitragen, diesen Ansatz in der berufliche Bildung zu fördern.

7.6 Fazit

Im Rahmen des Projektes RobidLOG wurden mehrere Weiterbildungsmodule durchgeführt. Das Modul „Bedienen, Programmieren und Entstören von Robotern in der Logistik" konnte zur Zufriedenheit der Teilnehmer/-innen erfolgreich umgesetzt werden. Die Weiterbildung war in zwei Phasen unterteilt – einem theoretischen Teil, den der Dozent unter Verwendung von Präsentationsmedien bestritt und einer Gruppenarbeit, in der die Teilnehmer/-innen selbstgesteuert Lern- und Arbeitsaufgaben bearbeiteten. Dabei zeigte sich, dass der Dozent nur in begrenztem Umfang auf die in mehreren Fallstudien, Arbeitsprozessanalysen und einem Workshop ermittelten und umfassend dokumentierten Kernarbeitsprozesse zurückgriff, vgl. Molzow-Voit und Plönnigs (2015) sowie Blings (2015) in diesem Buch. Inhalt und Struktur der Lerninhalte spiegelten nur bedingt die Erkenntnisse aus den berufswissenschaftlichen Erhebungen wider. Für die Konzeption wählte der Dozent einen handlungsorientierten Ansatz, der mittels sogenannter Lern- und Arbeitsaufgaben umgesetzt wurde. Die mit dem Projekt angestrebte arbeitsprozessorientierte Umsetzung konnte infolge der stellenweisen Reduktion der Lehrinhalte auf die Grundlagen zur Robotertechnik nur bedingt realisiert werden. Es zeigte sich eine Diskrepanz zwischen den didaktischen Vorüberlegungen und der konkreten Realisierung des Weiterbildungsmoduls. Dies ist zum einen auf die Rahmenbedingungen im Projekt zurückzuführen, aufgrund derer eine gemeinsame Entwicklung des Weiterbildungskonzeptes zwischen Projektbeteiligten und Dozenten nicht optimal gelungen ist. Zum anderen wurde zur Kenntnis genommen, dass sich der didaktische Ansatz der Arbeitsprozessorientierung in der Aus- und Weiterbildung noch nicht wirklich etabliert hat. Es scheint an guten Beispielen und Weiterbildungsangeboten zu mangeln, die die Lehrenden in die Lage versetzen, entsprechende didaktische Konzepte zu entwickeln und umzusetzen. Soll sich der arbeitsprozessorientierte Ansatz in Schulen und im Bereich der beruflichen Aus- und Weiterbildung etablieren, dann ist ein zielgerichteter Transfer der Erkenntnisse aus der Wissenschaft in den Lehrbetrieb unabdingbar.

Literatur

Aebli, H.: Zwölf Grundformen des Lehrens. Klett-Cotta, Stuttgart (1985)

Becker, M.: Arbeitsprozessorientierte Didaktik. In: bwp@ Berufs- und Wirtschaftspädagogik – online, Ausgabe Nr. 24, Juni 2013. http://www.bwpat.de/ausgabe24/becker_bwpat24.pdf (2013). Zugegriffen: 28 Jan. 2015

Becker, M.; Spöttl, G.: Arbeitsprozessstudien bei der Ausbildung von Lehrern für berufliche Schulen. lernen & lehren (1 & l). **79**, 57–60 (2005)

Becker, M., Spöttl, G.: Berufswissenschaftliche Forschung. Ein Arbeitsbuch für Studium und Praxis. Peter Lang, Frankfurt a. M. (2008)

Berben, T.: Arbeitsprozessorientierte Lernsituationen und Curriculumentwicklung in der Berufsschule. Didaktisches Konzept für die Bildungsgangarbeit mit dem Lernfeldansatz. Bertelsmann, Bielefeld (2008)

Blings, J.: Kernarbeitsprozesse beim Robotereinsatz im Betrieb als inhaltliche Grundlage für Weiterbildung – didaktische Überlegungen. In: Molzow-Voit, F., Quandt, M., Freitag, M., Spöttl, G. (Hrsg.) Robotik in der Logistik, S. 63–77. Springer Gabler, Wiesbaden (2015)

Howe, F., Heermeyer, R., Heuermann, H., Höpfner, H.-D., Rauner, F.: Lern- und Arbeitsaufgaben für eine gestaltungsorientierte Berufsbildung. Dr. Ing. Paul Christiani GmbH & Co. KG, Konstanz (2002)

ITW: Bedienen, Diagnostizieren und Entstören von Robotern in der Logistik. Skript zur Weiterbildungsmaßnahme. Osnabrück (unveröffentlicht) (2014)

Molzow-Voit, F., Plönnigs, F.: Berufswissenschaftliche Erkenntnisse aus dem Projekt RobidLOG. In: Molzow-Voit, F., Quandt, M., Freitag, M., Spöttl, G. (Hrsg.) Robotik in der Logistik, S. 43–60. Springer Gabler, Wiesbaden (2015)

Ott, B.: Grundlagen des beruflichen Lernens und Lehrens. Ganzheitliches Lernen in der beruflichen Bildung. Cornelsen, Berlin (2007)

Plönnigs, F: Evaluation von arbeitsprozessorientierten Weiterbildungsmodulen im Bereich der Robotik in der Logistik. Masterthesis, Bremen (2014)

Quandt, M., Mortensen Ernits, R., Rohde, M.: Konzeption und Erprobung einer Schulungsumgebung im Kontext Robotik in der Logistik. In: Molzow-Voit, F., Quandt, M., Freitag, M., Spöttl, G. (Hrsg.) Robotik in der Logistik, S. 79–93. Springer Gabler, Wiesbaden (2015)

Riedl, A.: Didaktik der beruflichen Bildung. Franz Steiner, Wiesbaden (2004)

Spöttl G., Blings, J.: Kernberufe. Ein Baustein für ein transnationales Berufsbildungskonzept. Peter Lang, Frankfurt a. M. (2011)

Spöttl, G., Dreher, R., Becker, M.: Eine kompetenzorientierte Lernkultur als Leitbild in der Lehrerbildung an beruflichen Schulen. Flensburg, Erstfassung April 2002; Final Mai 2003. http://www.biat.uni-flensburg.de/biat/Veroeff/Material/Lernkultur_Pap1.pdf (2003). Zugegriffen: 08. Feb. 2015

Tippelt, R., Schmidt, B.: Was wissen wir über Lernen im Unterricht? Pädagogik (Weinheim). **57**(3), 6–11 (2005)

Dr. Tamara Riehle ist wissenschaftliche Mitarbeiterin am Institut Technik und Bildung (ITB) der Universität Bremen in der Abteilung „Arbeitsprozesse und berufliche Bildung". Nach dem zweiten Staatsexamen (Lehramt an beruflichen Schulen, Fachrichtung Metalltechnik und Physik) und dem erfolgreichen Abschluss eines Studiums zur Diplom-Berufspädagogin im Jahr 1996 war sie als Lehrkraft in verschiedenen berufsbildenden Einrichtungen tätig. Am Institut für Werkzeugmaschinen und Betriebswissenschaften (iwb) der Technischen Universität München verantwortete sie mehrere Jahre die Hochschuldidaktik. Im Anschluss daran arbeitete sie in verschiedenen Konzernen als Instructional Designer und Entwicklerin im Bereich eLearning und technische Informationssysteme. Die Promotion am Institut für Technik und ihre Didaktik der Westfälischen Wilhelms-Universität Münster im Jahr 2008 erfolgte zur Modelltheorie in Bezug auf digitale Applikationen. Die Forschungsschwerpunkte von Dr. Tamara Riehle liegen im Bereich der Fachdidaktik, der Lehrerprofessionalisierung und der Unterstützung von Lernprozessen durch digitale Medien.

Teil IV
Transfer

Logistiktechniker – Neue berufswirksame Weiterbildung für Fachkräfte beim IQ Technikum

8

Christoph Seifarth und Frank L. Dederichs

Inhaltsverzeichnis

8.1	Einleitung	114
8.2	Berufliche Handlungsfelder von Logistiktechniker/-innen	115
8.3	Qualifizierungsziele	117
8.4	Prozesssystematische Qualifizierung	119
8.5	Berufsbegleitende Qualifizierung an beruflichen Prozessen	121
8.6	Fazit	123
	Literatur	123

C. Seifarth (✉) · F. L. Dederichs
IQ Technikum GmbH, Bremen, Deutschland
E-Mail: c.seifarth@iq-technikum.de

F. L. Dederichs
E-Mail: f.dederichs@iq-technikum.de

© Springer Fachmedien Wiesbaden 2016
F. Molzow-Voit et al. (Hrsg.), *Robotik in der Logistik*, DOI 10.1007/978-3-658-08575-9_8

8.1 Einleitung

Die Gestaltung logistischer Prozesse wird in zunehmendem Maße von Technologien getrieben. In den letzten Jahrzehnten haben neue Technologien aus der Informationstechnik wie RFID-Transponder und GPS-gestützte Telematik die Logistikbranche durchdrungen (vgl. Schenk und Richter 2007, S. 77 f.). Industrie 4.0 und Cyber-Physische Systeme prägen zunehmend die Logistik und die Produktion durch intelligente Transporteinheiten, die mit Mensch und Maschine kommunizieren und Logistikprozesse selbst steuern (vgl. ten Hompel 2014, S. 6 f.).

Die Logistikdienstleister versuchen immer neue Arbeits- und Geschäftsprozesse in ihr Dienstleistungsangebot zu integrieren. Ihr Ziel ist es, wachsende Anteile der Logistikkette von den Kunden zu übernehmen. Befragte Logistikdienstleister entwickeln damit teilweise neue, eigene Unternehmensprofile, die Verpackung und Entsorgung, externe Lager- und Distributionszentren bis hin zu Montage- und Marketingfunktionen einschließen. Dazu zählt auch die Integration und Adaption von logistikspezifischen IuK-Technologien, die Konzipierung mehrwertschaffender Dienstleistungen (Facility Management, Kooperationsmanagement etc.) sowie die Übernahme der Steuerung von komplexen Logistikprozessen des Kunden (gemeinsame Planung und Prozessabstimmung mit Lieferanten) (vgl. Blötz 2005, S. 2 f.).

Der Einsatz dieser neuen Technologien stellt die Mitarbeiter/-innen in diesem Umfeld vor neue Herausforderungen nicht nur in Bezug auf ihre bislang erworbenen Kompetenzen und Kenntnisse, sondern insbesondere in Bezug auf einen Erfahrungsmangel im Umgang mit technischen Systemen. In einem Arbeitsumfeld, welches von neuen Technologien geprägt ist, können Mitarbeiter/-innen nicht auf die Erfahrungen von Kolleg/-innen und Vorgesetzten zurückgreifen, da diese selbst in der Regel ebenfalls keine Erfahrungen und Kompetenzen hinsichtlich neuer Technologien besitzen. Darüber hinaus entstehen durch die neuen Arbeits- und Geschäftsprozesse neue berufliche Handlungsfelder in der Logistik, welche andere berufliche Anforderungen nach sich ziehen. Betroffen hiervon sind sowohl Fachkräfte aus der Technik, die in logistischen Prozessen tätig sind, als auch Fachkräfte aus der Logistik, die mit immer größeren technologischen Herausforderungen konfrontiert werden.

Während auf der Qualifikationsebene des Meisters der/die Geprüfte Logistikmeister/-in Technik und Logistik bereits inhaltlich zusammenführt und auf akademischer Ebene zahlreiche Studiengänge auf Bachelor- und Master-Ebene mit dem Schwerpunkt technische Logistik angeboten werden, fehlen derzeit adäquate Aufstiegsqualifizierungen mit ausgeprägtem technischen Hintergrund auf der mittleren Managementebene, der Ebene des Technikers.

Durch neue, innovative Weiterbildungsangebote, die sowohl technologische als auch logistische Kompetenzen mit Ausrichtung auf die mittlere Managementebene vermitteln, plant das IQ Technikum, diesen Herausforderungen wirkungsvoll zu begegnen. Im Gegensatz zur herkömmlichen, additiven Vermittlung der logistischen und technologischen Kompetenzen fördert die Einbettung des Kompetenzerwerbs in einen prozesssystematischen Lernprozess das Verständnis für Zusammenhänge und bietet damit einen Mehrwert sowohl für Mitarbeiter/-innen als auch für die Unternehmen.

Die im Folgenden vorgestellte, neue Qualifizierung zum/zur Logistiktechniker/-in soll als deutschlandweit neue Fachrichtung des Staatlich geprüften Technikers bzw. der Staatlich geprüften Technikerin eingeführt und angeboten werden.

8.2 Berufliche Handlungsfelder von Logistiktechniker/-innen

Die Logistik begleitet den gesamten Produktlebenszyklus (Product Lifecycle) – von der Produktentwicklung über die Produktion und Distribution bis zum Recycling. Insbesondere Produktentwicklung und Recycling werden bei konsequenter Anwendung des „cradle to cradle"-Konzepts (von der Wiege zur Wiege) (vgl. Braungart und McDonough 2014) enger verwoben und dadurch kommen insbesondere neue Anforderungen an die Redistributions- und Entsorgungslogistik zustande.

Logistik hat darüber hinaus Bezüge zur Unternehmens- und Arbeitslandschaft der technischen Logistik. Zu der technischen Logistik gehören Aufgaben wie das Planen, Steuern und Kontrollieren des Güter-, Personen-, Energie-, und Informationsflusses in Systemen, sowie im Rahmen der logistischen Produktentwicklung die Planung, Simulation, Konstruktion und Automatisierung (vgl. Blötz 2005, S. 3).

Je nach Betrieb und Funktion werden Logistiktechniker/-innen (engl.: technical engineers logistics engineering) in verschiedenen Bereichen tätig sein (vgl. Abb. 8.1). Logistiktechniker/-innen übernehmen dabei Fach- und Führungsaufgaben in allen dargestellten Logistikbereichen. Sie werden Logistiksysteme optimieren, entwickeln, planen sowie Projekte realisieren und Teams führen.

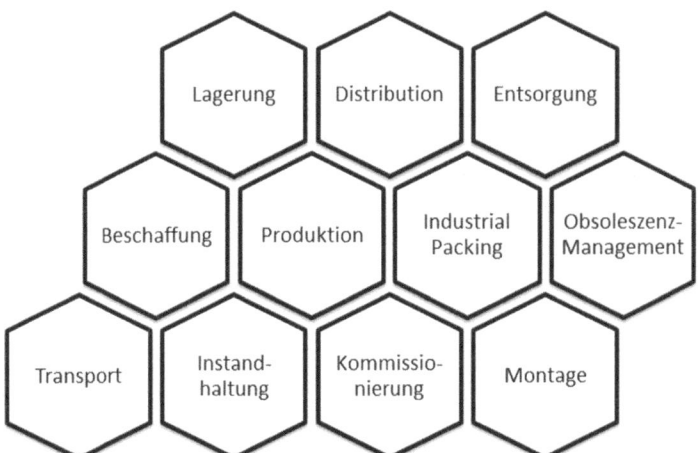

Abb. 8.1 Berufliche Handlungsfelder von Logistiktechniker/-innen. (Quelle: Eigene Darstellung)

Logistiktechniker/-innen arbeiten in Produktions-, Logistik- und technischen Dienstleistungs- und Handelsunternehmen. Die Gestaltung technologisch geprägter Wertschöpfungsketten sowie die Verbesserung nationaler und internationaler Lieferketten (Supply Chains) wird zu ihren Aufgaben gehören. Dabei befassen sich Logistiktechniker/-innen mit Bereichen wie Beschaffung, Produktion, Distribution, Lagerung sowie Entsorgung. Als Allrounder der Logistik sprechen sie die Sprache der Liefer- und Abnahmefirmen sowie der Endkunden. Zudem wird eng und fachübergreifend mit internen und externen Fachpersonen zusammengearbeitet.

Meist werden Logistiktechniker/-innen ein Team im Unternehmen führen. Als Projektleitende begleiten sie die Entwicklung und Implementierung von neuen Logistikprojekten. Dabei berücksichtigen sie jeweils den gesamten Prozessablauf von der Lieferfirma bis zur Endkundschaft. Sie analysieren und optimieren die Warenflüsse, erstellen Kosten-Nutzen-Rechnungen, erheben und interpretieren Daten und Kennzahlen. Dabei berücksichtigen Logistiktechniker/-innen Informationen über die aktuelle Marktlage und den Stand der Technik.

In der **Beschaffung** ermitteln Logistiktechniker/-innen den Bedarf an Ressourcen und Betriebsmitteln. Sie organisieren deren termingerechte Bereitstellung und sorgen mit Hilfe von Informationssystemen dafür, dass die benötigten Daten jederzeit verfügbar sind. Sie koordinieren alle betroffenen Abteilungen und leiten die Verhandlungen mit den Lieferfirmen.

Logistiktechniker/-innen in der **Produktion** planen, steuern und überwachen die Daten-, Informations- und Warenflüsse, die für die Produktion benötigt werden. Sie planen, überwachen und warten die intralogistischen Distributions-, Lager- und Kommissioniersysteme.

In der **Lagerlogistik** planen und organisieren Logistiktechniker/-innen die vollständige Lagerbewirtschaftung. Sie evaluieren Lagerarten und -systeme oder verbessern den innerbetrieblichen Transport. Sie evaluieren und überwachen Materialflussinformations- und Steuerungssysteme, um einen reibungslosen Lagerbetrieb sicherzustellen.

Die Planung, den Einsatz und die Überwachung von technischen Kommissionier- und Materialflusssystemen und den damit verbundenen Warenflüssen übernehmen Logistiktechniker/-innen im Handlungsfeld **Kommissionierung**. Sie arbeiten dabei eng mit den Mitarbeitern und Mitarbeiterinnen des Lagers und der Distribution zusammen.

Waren und Güter mit technischen Hilfsmitteln sicher und ordnungsgemäß zu verpacken, ist Aufgabe der Logistiktechniker/-innen im Handlungsfeld des **Industrial Packings**. Hierzu gehört der Einsatz von Roboter- und Automatisierungstechnik beim Verpacken von Massenwaren ebenso, wie der Entwurf und die Konstruktion von Einzelverpackungen für Sondermaschinen und Einzelanfertigungen.

In der **Transportlogistik** organisieren sie nationale und internationale Transporte und planen und nutzen Systeme zur technischen Unterstützung und Überwachung der Transporte.

In der **Distribution** optimieren sie IT-gestützt Verkehrsträger, Transportsysteme und Verpackungen.

Im **Obsoleszenzmanagement** entwickeln Logistiktechniker/-innen Lösungen und Konzepte für die Sicherstellung der Betriebsbereitschaft von Anlagen, deren Ersatzteile oder -baugruppen nicht mehr gebräuchlich sind. Mit ihrem technischen und logistischen Verständnis unterstützen und beraten sie Systemingenieur/-innen bei der Auswahl und Beschaffung von Restbeständen oder alternativen Ersatzteilen sowie beim Redesign von Anlagen und Baugruppen

Logistiktechniker/-innen in der **Instandhaltung** planen und überwachen die Wartung von Systemen und Anlagen. Sie evaluieren Wartungsintervalle und Ausfälle und planen, steuern und koordinieren die Versorgung mit Ersatz- und Verschleißteilen.

In der **Entsorgungslogistik** entwickeln sie technische Recyclingkonzepte und integrieren Umweltschutzmaßnahmen in den logistischen Prozess.

Die **Montage** logistischer Anlagen und Systeme gehört ebenfalls zum Aufgabenbereich von Logistiktechniker/-innen. Darüber hinaus koordinieren sie die Warenflüsse und die Montage von Kundensystemen im Bereich der Projektlogistik und stellen dadurch erweiterte Logistikdienstleistungen zur Verfügung.

Die oben beschriebenen beruflichen Handlungsfelder sind eng miteinander verzahnt und je nach Unternehmensstruktur und Branche unterschiedlich stark ausgeprägt. Am Beispiel eines produzierenden Industrieunternehmens soll im Folgenden das Zusammenspiel wesentlicher Handlungsfelder aufgezeigt werden.

Während der Produktentwicklungsphase wird auch der Beschaffungsprozess erarbeitet, um Rohstoffe, Komponenten und Halbzeuge für die spätere Produktion bereitstellen zu können. Hierbei sind bereits die Transportlogistik und die Planung der Produktionslogistik und der Intralogistik zu berücksichtigen. Oftmals wird der Transport in diesem Feld von Logistikdienstleistern übernommen, wobei der Transport in der Regel auf die Produktionslogistik zeitlich oder sequentiell abgestimmt ist.

Nach der Produktion erfolgt die Distribution der Waren, die im Rahmen des Industrial Packings automatisiert verpackt und vorkommissioniert in einem unternehmenseigenen Lager zwischengelagert werden. Die interne Lagerlogistik arbeitet eng mit der Kommissionierung und der externen Transportlogistik zusammen.

Die Rücknahmepflicht bestimmter produzierter Waren, wie beispielsweise Elektronikgeräte, umzusetzen, ist Aufgabe der Entsorgungslogistik, die hauptsächlich von Logistikdienstleistern übernommen wird. Bereits in der Beschaffung und der Produktentwicklung werden die Entsorgung und das Recycling von Materialien mitberücksichtigt, so dass auch diese Handlungsfelder ineinander greifen.

8.3 Qualifizierungsziele

Die Qualifizierung zum/zur Logistiktechniker/-in baut auf einer geeigneten Berufsausbildung im Bereich Logistik, Elektrotechnik, Mechatronik oder Metalltechnik sowie auf Berufserfahrung in einem logistischen Bereich auf. Sie soll Fachkräfte auf die Übernahme anspruchsvoller technischer und logistischer Fachaufgaben sowie auf Führungsaufgaben

Abb. 8.2 Aufgabenfelder von Logistiktechniker/-innen. (Quelle: Eigene Darstellung)

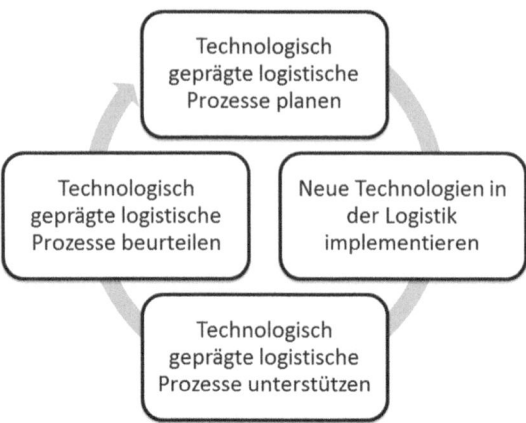

der mittleren Führungsebene vorbereiten. Dabei sollen ökonomische, ökologische und gesellschaftliche Gesichtspunkte berücksichtigt werden.

Logistiktechniker/-innen werden vielseitig ausgebildet, um die in allen Produktions-, Logistik- und technischen Handelsunternehmen auf Grund ihrer praktischen Erfahrungen und ihrem theoretischen Know-how in den in Abb. 8.1 dargestellten beruflichen Handlungsfeldern aktiv sein zu können. Sie sollen in der Lage sein, technologisch geprägte logistische Prozesse zu planen, zu unterstützen und zu beurteilen sowie neue Technologien in der Logistik zu implementieren. Diese Aufgabenfelder zeigt Abb. 8.2, wobei die Aufgabenfelder einen wiederkehrenden Kreislauf darstellen. Durch ihre beruflichen Handlungskompetenzen sollen Logistiktechniker/-innen befähigt werden, geplante und unterstützte Prozesse zu evaluieren und zu beurteilen, im Rahmen eines kontinuierlichen Verbesserungsprozesses zu optimieren und Prozess- oder Technologieänderungen neu einzuplanen.

Im Einzelnen sollen Logistiktechniker/-innen die folgenden Lernziele erreichen und dadurch in die Lage versetzt werden, logistische Schlüsselprozesse technologisch zu gestalten und zu begleiten:

- Funktionsanalyse und Dokumentation von Systemen durchführen können,
- Automatisierte Systeme projektieren können,
- Projekte planen, durchführen und steuern können,
- Prozessorientiertes Qualitätsmanagement einrichten und optimieren können,
- Logistische Systeme technisch auslegen können,
- Intralogistische Prozesse auswählen, planen und vorbereiten können,
- Inspektions-, Wartungs- und Reparatureinsätze planen und überwachen können,
- Logistische Systeme und Prozesse analysieren und optimieren können.

Aufbauend auf der grundlegenden Funktionsanalyse und Dokumentation von Systemen sollen Logistiktechniker/-innen die Rahmenbedingungen für automatisierte Systeme projektieren können. In diesem Zusammenhang folgt das Projektmanagement, welches allgemein zum Planen, Durchführen und Steuern von Projekten befähigen soll. Eng mit dem Projektmanagement verbunden ist das prozessorientierte Qualitätsmanagement, welches eingerichtet, überwacht und optimiert werden soll.

Ein/-e Logistiktechniker/-in soll darüber hinaus befähigt sein, logistische Systeme technisch auszulegen sowie logistische Prozesse zu planen vorzubereiten und zu gestalten. Als Beispiele hierfür seien die in diesem Buch beschriebenen Robotiklösungen für die Logistik genannt. Ferner sollen Logistiktechniker/-innen in der Lage sein, Inspektions-, Wartungs- und Reparatureinsätze an technisch-logistischen Systemen zu planen, zu überwachen und zu dokumentieren.

Als Schlüsselfiguren an der Schnittstelle zwischen Technik und Logistik sollen Logistiktechniker/-innen auch technisch-logistische Systeme und technologisch geprägte logistische Prozesse analysieren und optimieren können. Mit Erreichen dieser Lernziele haben sie die Kompetenzen erworben, die in Abb. 8.2 dargestellten Aufgabenfelder innerhalb ihrer beruflichen Handlungsfelder (siehe Abb. 8.1) zu erfüllen.

8.4 Prozesssystematische Qualifizierung

Die im vorigen Abschnitt beschriebenen Qualifizierungsziele können durch einen prozesssystematischen Qualifizierungsansatz in einem berufsbegleitenden Studium innerhalb von drei Jahren erreicht werden, der aufgrund des Umfangs der zu vermittelnden Lerninhalte als angemessen erscheint. Um eine größtmögliche berufliche Praxisorientierung zu bewirken, wird hierbei großer Wert auf einen interdisziplinären Ansatz gelegt. Dieser führt Studierende unterschiedlicher Fachrichtungen, wie beispielsweise der Elektrotechnik, der Logistiktechnik, der Mechatronik und der Metalltechnik in einem interdisziplinären Projektteam in der beruflichen Praxis zusammen.

Bei diesem Konzept durchlaufen die Studierenden unterschiedlicher Fachrichtungen zum einen gemeinsam ein Grundstudium und bearbeiten zum anderen im Hauptstudium gemeinsame Aufgabenstellungen und Projekte. Dieser Ansatz fördert den Blick über den Tellerrand der eigenen Fachrichtung und das Verständnis für fachübergreifende Zusammenhänge.

Abbildung 8.3 zeigt die Aufteilung des Studiums in acht Lernfelder (d), die sich am innovativen Produktlebenszyklus aus betrieblicher Sicht der Industrie (c) und der Wertschöpfungskette der Logistik (b) orientieren. Der tradierte Produktlebenszyklus (a) ist in weiten Bereichen der Industrie bekannt und verbreitet. Die Wertschöpfungskette der Logistik (b) lenkt den Blickwinkel des Produktlebenszyklus auf die logistischen Prozesse. Die Ablösung oder Eliminierung eines Produktes an dessen Lebensende führt in der Logistik zu einer erneuten Distribution des Produktes zur Entsorgung oder zum Recycling im Rahmen der Entsorgungslogistik.

Eine neue Betrachtungsweise bringt der innovative Produktlebenszyklus mit sich, in dem Erfahrungen aus Produktion, Instandhaltung, Service und Reparatur in die Konzep-

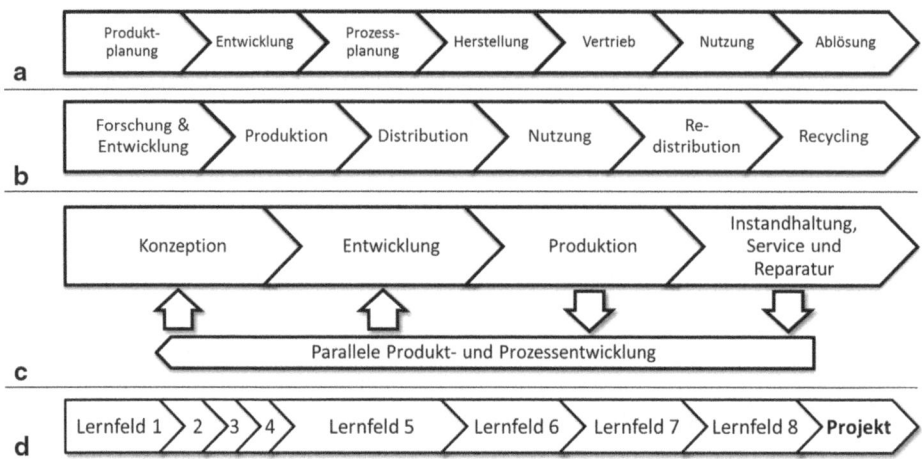

Abb. 8.3 a Tradierter Produktlebenszyklus, b Wertschöpfungskette der Logistik, c Innovativer Produktlebenszyklus, d Lernfelder. (Quellen: (a) in Anlehnung an Eigner und Stelzer (2009, S. 6), (b) eigene Darstellung, (c) in Anlehnung an Müller (2013), (d) eigene Darstellung)

tion und Entwicklung direkt integriert werden. Parallel zu allen Phasen des innovativen Produktlebenszyklus erfolgen die Produkt- und Prozessentwicklungen (vgl. Müller 2013).

Für den prozesssystematischen Ansatz zur Qualifizierung des Logistiktechnikers und der Logistiktechnikerin ergibt sich daraus, dass in den Lernfeldern 1 bis 4 im Rahmen des Grundstudiums die Grundlagen zur Konzeption technischer Systeme vermittelt werden. Dabei wird in Lernfeld 3 der Schwerpunkt auf Projektmanagementkompetenzen gelegt, worauf in Lernfeld 4 im Schwerpunkt ein prozessorientiertes Qualitätsmanagement folgt.

Zu Beginn des Hauptstudiums begleitet das Lernfeld 5 die Entwicklung von Produkten und Dienstleistungen und ist geprägt von der technischen Auslegung logistischer Systeme. Hierzu zählen insbesondere grundlegende Kenntnisse und Handlungskompetenzen in Logistik, Informationstechnik sowie in Produktions- und Fördertechnik. Die im Rahmen des Projektes RobidLOG entwickelten Module „Technologische Grundlagen von Robotik in der Logistik" und „Betriebswirtschaftliche Aspekte und Veränderungsprozesse im Kontext der Robotik in der Logistik" werden inhaltlich in dieses Lernfeld integriert und auf die Ebene der Technischen Leitung ausgerichtet.

In Lernfeld 6 werden diese Kenntnisse und Kompetenzen mit dem Blick auf die Produktion von Produkten und Einführung intralogistischer Prozesse vertieft. Als logistische Themen stehen die Produktions- und die Distributionslogistik im Vordergrund, als technische Themen die Produktionstechnik und Informations- und Kommunikationssysteme.

Mit dem Übergang von der Produktion über den Betrieb in die Instandhaltung und den Service beschäftigt sich das Lernfeld 7. Als Schwerpunkte sind hier auf logistischer Seite die Ersatzteil- und Instandhaltungslogistik anzusehen, auf technischer Seite die Automatisierungstechnik. Vom Projekt RobidLOG wird das Modul „Instandhaltung von Robotern in der Logistik" für die Ebene des Technikers angepasst und integriert.

Tab. 8.1 Synthese Produktlebenszyklus – Logistische Wertschöpfungskette – Berufliches Handlungsfeld. (Quelle: Eigene Darstellung)

Innovativer Produktlebenszyklus		Logistische Wertschöpfungskette	Berufliches Handlungsfeld	Lernfelder
Parallele Produkt- und Prozessentwicklung	Konzeption	Forschung & Entwicklung	Planung, Projektierung	1, 2, 3, 4
	Entwicklung		Beschaffung	5
			Transport	5
	Produktion	Produktion	Produktion	6
		Distribution	Distribution	6
			Industrial Packing	6, 7
	Instandhaltung, Service und Reparatur	Nutzung	Kommissionierung	6, 7
			Lagerung	7
			Instandhaltung	7
		Redistribution	Obsoleszenz-Management	8
		Recycling	Entsorgung	8

Das Lernfeld 8 vertieft die Kenntnisse und Kompetenzen aus Lernfeld 7 unter dem Blickwinkel der Analyse und Optimierung technisch-logistischer Systeme und technologisch geprägter logistischer Prozesse. Neben der Entsorgungslogistik und der Informationslogistik aus dem logistischen Bereich bilden die Informations- und Automatisierungstechnik aus dem technischen Bereich den fachlichen Schwerpunkt dieses Lernfeldes. Die Inhalte des Modules „Robotik in Interaktion mit innovativen IuK-Technologien" aus dem Projekt RobidLOG werden in diesem Lernfeld enthalten sein.

Zum Abschluss des Studiums bearbeiten die Studierenden im Rahmen ihrer Projektarbeit eine aktuelle technisch-logistische Themenstellung aus ihren Unternehmen. Da die Studierenden der Logistiktechnik auch während ihres Hauptstudiums immer wieder Berührungspunkte und gemeinsame Aufgabenstellungen mit ihren Kommiliton/-innen anderer Fachrichtungen haben, werden interdisziplinäre Projektarbeiten mit Teams aus Studierenden unterschiedlicher Fachrichtungen besonders begrüßt und gefördert.

Tabelle 8.1 stellt die Synthese von Produktlebenszyklus, logistischer Wertschöpfungskette und beruflichen Handlungsfeldern mit den Lernfeldern anschaulich dar.

8.5 Berufsbegleitende Qualifizierung an beruflichen Prozessen

Abbildung 8.4 zeigt eine Übersicht des Zusammenspiels zwischen Mitarbeiter/-innen als Studierende, ihren beruflichen Tätigkeiten im Unternehmen und dem Qualifizierungsdienstleister zum Erreichen des Abschlusses zum/zur Logistiktechniker/-in. Die Quali-

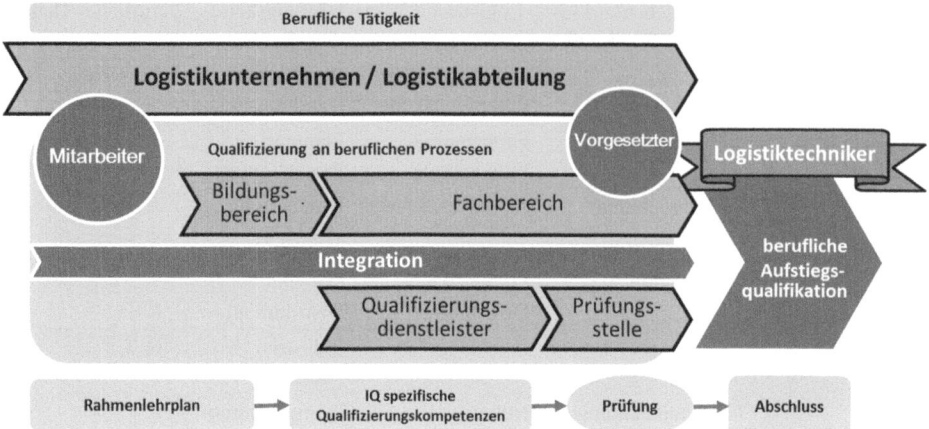

Abb. 8.4 Übersicht des berufsbegleitenden Qualifizierungskonzepts. (Quelle: Eigene Darstellung)

fizierung begleitet die berufliche Tätigkeit der Studierenden und öffnet ihnen dadurch bereits während des Studiums neue Einblicke in technische und logistische Prozesse in ihren Unternehmen.

Im Zentrum der Qualifizierung steht daher die betriebliche Anwendung des Erlernten, wodurch neues Wissen in den Alltag sowohl zum Nutzen der Mitarbeiter/-innen als auch der Unternehmen gebracht wird. Der Arbeitsplatz wird so zum Lernort und schafft Synergien für den Betrieb. Durch diese enge Verzahnung von Lernzielen und dem Berufsalltag werden eine Anwendungsorientierung des Lernens und ein Erwerb von Handlungsfähigkeit in neuen und unbekannten Praxissituationen gefördert.

Die Mitarbeiter/-innen können neue Aufgaben in ihrem angestammten Tätigkeitsbereich mit Unterstützung erfüllen und ihr Wissen vertiefen. Sie können in angrenzenden Tätigkeitsfeldern mitarbeiten und ihre Einsatzmöglichkeiten erweitern.

Ein Beispiel: Mitarbeiter/-innen an der Distributions- oder Kommissionieranlage erstellen zusätzlich Prüfpläne und planen die Instandhaltung. Sie arbeiten in einem Anlaufprojekt mit, bringen ihre Erfahrung und ihre neu erworbenen Kompetenzen ein und erweitern ihr prozessübergreifendes Wissen.

Die Lerninhalte des berufsbegleitenden Studiums zum/zur Logistiktechniker/-in werden durch praxiserfahrene Dozent/-innen aus Industrie und Logistik praxis- und bedarfsorientiert vermittelt, wobei sich die Studieninhalte wie beschrieben an beruflichen Prozessen orientieren. Während der Endphase des Studiums begleiten regelmäßig die Vorgesetzten aus den Unternehmen die Studierenden bei ihrer Projektarbeit. Dabei fließen die erzielten Ergebnisse und Erkenntnisse häufig im Rahmen eines kontinuierlichen Verbesserungsprogramms in die Optimierung unternehmensinterner Prozesse ein.

Das IQ Technikum als Qualifizierungsdienstleister arbeitet eng mit Logistik- und Industrieunternehmen zusammen, um eine aktuelle und bedarfs- und praxisgerechte Aufstiegsqualifizierung sicherzustellen. Die Studierenden werden durch den Qualifizierungsdienstleister auf die Prüfung zum/zur Logistiktechniker/-in bei der externen Prüfungsstelle vorbereitet, um einen qualifizierten und anerkannten Abschluss zu erhalten.

8.6 Fazit

Der zunehmende Einsatz neuer Technologien in der Logistik führt zu einem geänderten Weiterbildungsbedarf für Fachkräfte aus Technik und Logistik. Eine berufswirksame Weiterbildung zum/zur Logistiktechniker/-in wurde vorgestellt und die beruflichen Handlungsfelder aufgezeigt. Anhand der beruflichen Handlungsfelder und Aufgabenfelder wurden die Qualifizierungs- und Lernziele abgeleitet. Als Schlüsselfiguren an der Schnittstelle zwischen Technik und Logistik sollen Logistiktechniker/-innen technisch-logistische Systeme und technologisch geprägte logistische Prozesse analysieren und optimieren können.

Ferner wurde das Konzept der prozesssystematischen Qualifizierung zum/zur Logistiktechniker/-in im Kontext des Produktlebenszyklus und der logistischen Wertschöpfungskette erläutert. Während eines sechssemestrigen Studiums werden die Logistiktechniker/-innen in acht Lernfeldern qualifiziert, die sich an den beruflichen Handlungsfeldern und der logistischen Wertschöpfungskette orientieren.

Zum Abschluss wurden die berufsbegleitende Qualifizierung an beruflichen Prozessen und die Verknüpfung von Arbeitsplatz und Lernort beschrieben. Der Arbeitsplatz wird zum Lernort und so der Erwerb von Handlungsfähigkeit in neuen und unbekannten Praxissituationen gefördert.

Es wurde gezeigt, dass die Weiterqualifizierung zum/zur Logistiktechniker/-in beim IQ Technikum an den Anforderungen der Logistik ausgerichtet ist und einem modernen, praxisorientierten und prozessdidaktischen Ansatz in der beruflichen Bildung folgt.

Literatur

Blötz, U.: Information zur Untersuchung und Empfehlungen des BIBB zum Ordnungsbedarf in der Logistikweiterbildung. BIBB, Bonn. http://www.bibb.de/dokumente/pdf/Logistik_Untersuchung_und_Empfehlungen_des_BIBB_fuer_ein_systematisches_Weiterbildungsangebot.pdf (2005). Zugegriffen: 3 März 2015

Braungart, M., McDonough, W.: Cradle to Cradle: Einfach intelligent produzieren. Piper, München (2014)

Eigner, M., Stelzer, R.: Product Lifecycle Management. Ein Leitfaden für Product Development und Life Cycle Management. Springer, Berlin u. a (2009)

ten Hompel, M.: Dinge mobilisieren. In: Logistik entdecken. Magazin des Fraunhofer-Instituts für Materialfluss und Logistik IML Dortmund. Ausgabe 15, S. 6–9 (2014)

Müller, K.: Aus- und Weiterbildungskonzepte für Industrie 4.0. VDMA, Denkendorf. http://www.vdma.org/documents/106090/1758780/Produktionstechnologie%20VDMA%20INDUSTRIE%204.0%202013%2007%2025.pdf/283d571e-95a9-4acb-8e8e-e35ccb8b82c1 (2013). Zugegriffen: 03 März 2015

Schenk, M., Richter, K.: Telematik und RFID – Elektronische Beobachter gestalten die gesicherte Warenkette. In: Bullinger, H.-J., ten Hompel, M. (Hrsg.) Internet der Dinge, S. 77–89. Springer, Berlin (2007)

Dr.-Ing. Christoph Seifarth ist Studienleiter bei der IQ Technikum GmbH Bremen und Fachleiter für Elektrotechnik, Mechatronik und Logistiktechnik. Sein Studium der Elektrotechnik an der Helmut-Schmidt-Universität Hamburg schloss er 2004 als Dipl.-Ing. und sein Studium der Elektro- und Informationstechnik an der Fern-Universität in Hagen in 2008 als M.Sc. ab. Im Jahr 2009 folgte die Promotion zum Dr.-Ing. in Elektrotechnik an der Helmut-Schmidt-Universität Hamburg. Von 2004 bis 2012 war Dr.-Ing. Christoph Seifarth als Offizier im Bereich der Logistik der Bundeswehr tätig, zuletzt als Dozent an der Logistikschule der Bundeswehr. Danach arbeitete er als Senior Logistik-Ingenieur im Bereich Product Lifecycle Management der ESG Elektroniksystem- und Logistik-GmbH München.

Frank L. Dederichs ist Geschäftsführer der IQ Technikum GmbH Bremen. Er absolvierte zunächst eine Ausbildung in Geräte- und Feinwerktechnik bei Philips und war anschließend als Monteur von Baugruppen bei der Deutschen Systemtechnik tätig. Sein Studium der Produktionstechnik an der Universität Bremen schloss er 2004 als Dipl.-Ing. ab. Über eine studienbegleitende Dozententätigkeit wurde Frank L. Dederichs Geschäftsführer bei einem Weiterbildungsträger. Von 2006 bis 2009 war er Leiter der Konstruktionsabteilung der OptoPrecision GmbH. Von 2009 bis 2010 trug er als Produktmanager bei der IQ Bremen GmbH die Verantwortung für die Qualifizierung von Industriemeistern.

„Robotik & Automation" – Ein weiterbildendes Studium für Ingenieure und Ingenieurinnen zur Optimierung von Fertigungsprozessen und Materialfluss in Produktion und Logistik

Jürgen Eritt

Inhaltsverzeichnis

9.1	Einleitung	126
9.2	Landespolitischer Hintergrund der Robotik-Initiative	126
	9.2.1 Hürden im Technologietransfer	126
	9.2.2 Zwischen Leitinnovation und Spitzencluster	127
9.3	Das Weiterbildende Studium „Robotik & Automation"	128
	9.3.1 Einbindung in die Qualifizierungsinitiative Robotik	128
	9.3.2 Aufbau des Weiterbildungsstudiums „Robotik & Automation"	129
9.4	Fazit	133
Literatur		134

J. Eritt (✉)
Akademie für Weiterbildung, Universität Bremen
Bremen, Deutschland
E-Mail: juergen.eritt@vw.uni-bremen.de

© Springer Fachmedien Wiesbaden 2016
F. Molzow-Voit et al. (Hrsg.), *Robotik in der Logistik*, DOI 10.1007/978-3-658-08575-9_9

9.1 Einleitung

Das Land Bremen hat 2012 im Rahmen seines beschäftigungspolitischen Aktionsprogramms (BAP) eine „Qualifizierungsinitiative Robotik" ins Leben gerufen, um KMU beim Einsatz der Robotertechnik zu unterstützen, indem sie ein branchenbezogenes Weiterbildungsprogramm zur Qualifizierung der Mitarbeiter/-innen veranlasste (vgl. Freie Hansestadt Bremen 2012; vgl. Kayser 2012). Damit knüpft der Bremer Senat an die Ergebnisse einer bereits 2008 durchgeführten Studie zur „Robotik in KMU – Exemplarische Erprobung von Wegen des Know-how-Transfers zur Initiierung einer präventiven Technologie- und Personalentwicklung in kleinen und mittleren Unternehmen" an (vgl. Kayser 2011, S. 5). Das „RobKnowHow" genannte Projekt hatte sich zur Aufgabe gestellt, die Marktpotenziale verschiedener Robotik-Anwendungen zu eruieren und darüber hinaus Hindernisse zu identifizieren, die der Einführung dieser Technologien, welche in großen Industriebetrieben Stand der Technik sind, in mittelständischen Unternehmen im Wege stehen.

9.2 Landespolitischer Hintergrund der Robotik-Initiative

9.2.1 Hürden im Technologietransfer

Das weit verbreitete Urteil, Robotik sei „High-Tech", viel zu kompliziert und überhaupt zu teuer, entspricht angesichts der Marktentwicklung in seiner Pauschalität nicht mehr der Wahrheit. Neben fallenden Preise für Robotersysteme, hat die Einführung neuer Eingabeverfahren (Touch-Panel, Benutzeroberflächengestaltung), Visualisierungen und Bewegungssimulationen für eine erhöhte Bedienerfreundlichkeit gesorgt. Die Ergebnisse des Projekts „RobKnowHow" spiegelten dementsprechend auch ein differenzierteres Bild der Situation der Betriebe wider.

Unternehmen verzichten mitunter auf die Einführung einer für sie neuen Technik, da sie befürchten müssen, dadurch in Abhängigkeit von einem (womöglich marktführenden) Anlagenbauer zu geraten. Dies gilt ebenfalls, wenn sie der Auffassung sind, (noch) nicht über das nötige Know-how im Unternehmen zu verfügen, eine neue Anlage auch weitgehend eigenständig (und das umfasst: Wartung, Reparatur, Umrüstung, Erweiterung etc.) betreiben zu können. Des Weiteren wurde die Befürchtung geäußert, dass durch fremde Technik-Experten im Unternehmen internes Betriebs-Know-how (z. B. wie bestimmte Produktionsschritte organisiert sind und Prozesse beherrscht werden) nach außen dringen könnte. Da das Know-how nicht offiziell geschützt ist, kann es in Eigenentwicklungen des Anlagenbauers eingehen und auf diesem Wege der Konkurrenz zugänglich werden. Mit diesem Wissen steht und fällt die Existenz vieler mittelständischer Unternehmen. Es ist dieses „geistige Kapital", auf der die – nicht selten weltweite – Wettbewerbsfähigkeit beruht, und das schon so manchen „hidden champion" hervorgebracht hat.

Die genannten „Hürden im Technologietransfer" bedeuten aber mitnichten, dass die Unternehmen auf Technologien zur Verbesserung ihrer Prozesse und Automatisierung von Abläufen verzichten würden. Sie setzen vielmehr auf hausinterne Eigenentwicklungen und ziehen nur dann externe Expertise hinzu, wenn sie an Grenzen geraten, d. h. auf Probleme stoßen, die ihnen mit ihren Mitteln als nicht lösbar erscheinen. Im Prinzip ist gegen diesen Weg nichts einzuwenden, wenn ihm auch nicht immer der beabsichtige Erfolg beschieden ist. Der unbestreitbare Vorteil ist jedenfalls, dass die Optimierungsvorhaben auf profunden Kenntnissen der eigenen Prozesse aufbauen, die Anlagenbauern und Herstellern von Sondermaschinen oft nur schwer vermittelt werden können. Auf der anderen Seite wachsen aber das Wissen der Automatisierungstechnik und die Möglichkeiten der modernen Industrierobotik beständig. Für die Unternehmen bedarf es also eines eigenständigen zusätzlichen Aufwands, um sich über das, was technisch möglich und betrieblich machbar ist, jeweils auf dem Stand zu halten.

9.2.2 Zwischen Leitinnovation und Spitzencluster

Fast vier Jahre hat es gedauert, bis die Erkenntnisse aus der damaligen Robotik-Untersuchung in eine weiterführende Strategie des Landes umgesetzt werden konnten. Hauptursache für diese Verzögerung war die zwischenzeitlich eingeleitete Neuausrichtung der Bremer Wirtschaftsförderung (vgl. Freie Hansestadt Bremen 2010). Um die künftig nur noch in einem geringerem Umfang zur Verfügung stehenden Mittel möglichst effektiv einzusetzen, wurde eine Abkehr von dem bis dahin erfolgreich verfolgten „Gießkannen-Prinzip" vorgenommen und die Losung „Stärken stärken!" ausgegeben. Das hatte zur Folge, dass die unter dem Gesichtspunkt Wertschöpfung resp. Steueraufkommen erfolgreichen Branchen und Unternehmens-Cluster, wie z. B. Automobilwirtschaft, Luft- und Raumfahrt, Maritime Wirtschaft/Logistik, Windenergie sowie Lebensmittelwirtschaft/Fischwirtschaft mit Schwerpunkt Bremerhaven, kurz die so genannten Wachstumskerne in den Rang der bevorzugten Nutznießer befördert wurden (vgl. Handelskammer Bremen 2008).

Bis dahin konnte sich die Robotik ein halbes Jahrzehnt im Rahmen des Verbundvorhabens „Deutsche Servicerobotik Initiative" (DESIRE) als Leitinnovation besonderer Aufmerksamkeit sicher sein (vgl. Prassler und Schraft 2006). Als die Fördergelder des Bundesministeriums für Bildung und Forschung (BMBF) aus Berlin aufgebraucht waren und die Euphorie des Aufbruchs einer Ernüchterung über die fehlende Marktreife der Produkte gewichen war, wurde es wieder stiller um die Robotik. Im Trend sollten nun „Mobile Autonome Systeme" liegen, für die ein bundesweiter Spitzencluster-Wettbewerb eröffnet wurde, um den sich auch die Metropolregion Bremen-Oldenburg, letztlich jedoch ohne Erfolg, bemüht hat.

Auf der Bremer Förderagenda teilt sich die Robotik seitdem zusammen mit dem Maschinenbau einen Platz im unteren Drittel. Das hat insofern seine politische Logik und Folgerichtigkeit, als es im nordwestdeutschen Raum in der Tat keine Unternehmen gibt, die Roboter, gleich welcher Art, kommerziell herstellen. Was es dagegen gibt, ist eine

Handvoll System-Integratoren, die es zu überregionaler und internationaler Bedeutung gebracht haben. Aus dem Blickwinkel der Politik kommt der Robotik deshalb nur die Qualität einer Querschnitt-Technologie zu: „Der Robotiksektor weist ein besonders hohes Querschnittspotenzial mit neuen Entwicklungsmöglichkeiten für zahlreiche Branchen auf." (Freie Hansestadt Bremen o. J., S. 41) Ihre Rolle fällt für die einzelnen Branchen der regionalen Wirtschaft jedoch sehr unterschiedlich aus.

Anders sieht es dagegen auf dem Feld der Forschung und Lehre aus: Mit tatkräftiger Unterstützung durch die öffentliche Hand hat sich über die Jahre an den Hochschulen des Landes Bremen ein Kompetenz-Cluster Robotik herausgebildet. Vorläufiger Höhepunkt dieser Entwicklung war die Ansiedlung des nach Kaiserslautern und Saarbrücken dritten Vollstandorts des Deutschen Forschungszentrums für Künstliche Intelligenz (DFKI) in Bremen und Gründung des „Robotics Innovation Center" (Leitung: Prof. Dr. Frank Kirchner) im Jahr 2008 sowie die Bildung einer „Robotics Group" (Leitung: Prof. Dr. Andreas Birk) an der Jacobs University Bremen. „Ziel des Landes ist es, die Forschungsaktivitäten in den nächsten Jahren gemeinsam weiter auszubauen, um Bremen unter den Top-3-Standorten in Deutschland weiter zu etablieren." (DFKI 2008).

Vor dem Hintergrund einer potenten Forschungslandschaft einerseits und Unternehmen andererseits, die Robotik-Know-how gebrauchen können, lag es förmlich auf der Hand, die vorhandenen wissenschaftlichen Ressourcen auf dem Gebiet der Robotik in einem Projekt zusammen zu fassen. Diese sollen für den Aufbau von Robotik-Kompetenz in mittelständischen Betrieben „über die Köpfe", sprich durch Qualifizierung der Beschäftigten genutzt werden.

9.3 Das Weiterbildende Studium „Robotik & Automation"

9.3.1 Einbindung in die Qualifizierungsinitiative Robotik

Die Qualifizierungsinitiative des Landes Bremen, die von den Projekt-Akteur/-innen in „Weiterbildungsinitiative Robotik" (W.I.R.) umbenannt worden ist, umfasst zwei Aktionsfelder (vgl. Kölling 2014, S. 14):

- **Praxis-Projekte**: Wissenschaftliche Forschungsinstitute der Robotik und Automatisierungstechnik entwickeln, erproben und evaluieren in Zusammenarbeit mit Bildungsträgern und/oder Unternehmen branchenspezifische Weiterbildungsangebote und betriebsbezogene Durchführungsformen zur Qualifizierung der Mitarbeiter/-innen im Umgang mit Robotern und der Handhabung von Robotertechnik.
- **Modulare Weiterbildung**: Eine neu zu entwickelnde „Modulare Weiterbildung zur Gestaltung von Innovationsprozessen in Robotik und Fabrikautomation (ModRob)" soll Ingenieur/-innen befähigen, das Leistungspotenzial der Robotik bewerten zu können und für Automatisierungslösungen in kleinen und mittelständischen Unternehmen effektiv zu nutzen.

Folgende Überlegung liegt dieser Zweiteilung zugrunde: Die Praxis-Projekte beziehen sich auf den aktuellen Weiterbildungsbedarf der Unternehmen und erarbeiten branchenspezifische Inhalte und anwendungsorientierte Unterrichtsformen. Die modulare Weiterbildung ist allgemeiner angelegt und auf Nachhaltigkeit ausgerichtet. Für sie sind aus dem universitären Lehr-Kanon anwendungsgerechte Wissenselemente ausgewählt und praxisbezogen aufbereitet worden. Als Orientierung dienten die Branchen-Erfahrungen der laufenden Praxisprojekte. Deren Ergebnisse wiederum sollen nach Beendigung der Projekte als so genannte Praxis-Transfer-Module zu einem eigenständigen Bestandteil der neuen wissenschaftlichen Weiterbildung werden.

Gestartet ist die Weiterbildungsinitiative im ersten Schritt mit vier Praxisprojekten, die sich in ihrer Ausrichtung und Zielsetzung deutlich voneinander unterschieden haben. Zum Beispiel:

- hinsichtlich der **Branche**: Automobilzulieferer, Logistikunternehmen, Lebensmittelindustrie, Reha-Technik, Offshore-Industrie;
- hinsichtlich der **Robotertechnologie**: klassische Industrieroboter, mobile autonome Systeme, Serviceroboter, moderne Leichtbauroboter;
- hinsichtlich des **Teilnehmerkreises**: Entscheidungsträger/-innen, Ingenieur/-innen, Techniker/-innen, Fachkräfte sowie An- und Ungelernte.

Wie bereits erwähnt, bestand ursprünglich der Plan, die Ergebnisse, Erkenntnisse und Erfahrungen der vier Praxis-Projekte in ebenso viele fachlich unterschiedene Praxis-Transfer-Module zu überführen. Von dieser Konstruktion ist wieder Abstand genommen worden, denn im Verlauf des Projekts stellte sich heraus, dass die für KMU relevante Technik nach wie vor der klassische Industrieroboter (IR) ist, heutzutage allerdings erweitert um die Variante Leichtbau-Roboter (LBR) sowie autonome mobile Systeme bzw. fahrerlose Transportsysteme (FTS). Darüber hinaus musste zur Kenntnis genommen werden, dass die Unterschiede zwischen den verschiedenen Branchen nicht (mehr) so gravierend sind. Jedenfalls aus Sicht der Automatisierungstechnik reduzieren sie sich auf nur mehr praktische Fragestellungen, wie die Wahl eines geeigneten Manipulators oder der optimalen Sensoren. Das spricht nicht nur einmal mehr für die Universalität des Roboters, sondern belegt vor allem, wie weit die Robotertechnik mittlerweile fortgeschritten ist. Daher wurden die Ergebnisse der vier Praxis-Projekte in ein branchenübergreifendes Praxis-Transfer-Projekt überführt.

9.3.2 Aufbau des Weiterbildungsstudiums „Robotik & Automation"

Obgleich das Projekt „ModRob" den Abschluss der Robotik-Initiative markiert, soll es seine Wirksamkeit doch hauptsächlich in der Zeit danach entfalten. Es war die erklärte Absicht der Qualifizierungsinitiative, mit Ablauf des Projekts über ein Instrument zu verfügen, das den Know-how-Transfer in die Betriebe effektiv fortführt und weiter vorantreibt.

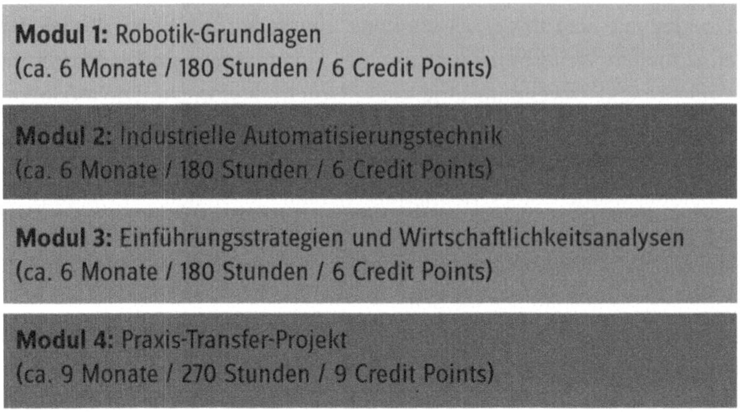

Modul 1: Robotik-Grundlagen
(ca. 6 Monate / 180 Stunden / 6 Credit Points)

Modul 2: Industrielle Automatisierungstechnik
(ca. 6 Monate / 180 Stunden / 6 Credit Points)

Modul 3: Einführungsstrategien und Wirtschaftlichkeitsanalysen
(ca. 6 Monate / 180 Stunden / 6 Credit Points)

Modul 4: Praxis-Transfer-Projekt
(ca. 9 Monate / 270 Stunden / 9 Credit Points)

Abb. 9.1 Struktur der Weiterbildung „Robotik & Automation". (Quelle: Kölling 2014, S. 15)

Die wissenschaftliche Weiterbildung „Robotik & Automation" hat den Zweck, „zur Optimierung von Fertigungsprozessen und Materialfluss in Produktion und Logistik" beizutragen (vgl. Kölling 2014, S. 14). Inhaltlicher Schwerpunkt ist demgemäß branchenspezifisches und technologiebezogenes Anwendungswissen für den Robotikeinsatz in kleinen bis mittelgroßen Unternehmen. Das Weiterbildungsangebot richtet sich in erster Linie an Mitarbeiter/-innen, die bereits an Automatisierungslösungen arbeiten oder sich für diesen Aufgabenbereich qualifizieren möchten. Um hierfür eine zeitnahe praktische Unterstützung bieten zu können, ist der Umfang der Module so bemessen und die Durchführung der Weiterbildung derart organisiert, dass sie innerhalb eines Zeitraums von zwei Jahren berufsbegleitend absolviert werden kann (vgl. Abb. 9.1). Das entspricht nach Ansicht des Autors in etwa der durchschnittlichen Laufzeit eines betrieblichen Innovationsvorhabens von der Idee bis zur Umsetzung im laufenden Betrieb.

Dieser Zielsetzung entsprechend wurden drei essenzielle Module mit jeweils einem Arbeitsaufwand (Workload) von 180 h, entsprechend sechs Credit Points (CP), entwickelt. Jedes der drei Module umfasst sieben Präsenztage (56 h), die über einen Zeitraum von einem halben Jahr verteilt liegen: ein Zwei-Tagesseminar jeweils am Anfang und am Ende des Moduls sowie drei Ein-Tagesveranstaltungen dazwischen. Die verbleibende Stundenzahl verteilt sich auf vier angeleitete Selbstlernphasen und die Prüfungsvorbereitung. Am Ende des Weiterbildungsstudiums wird als viertes Modul ein Praxis-Transfer-Projekt im Umfang von 270 h bzw. 9 CP absolviert. Die Thematik der vier Module kann wie nachstehend dargelegt umrissen werden (vgl. Kölling 2014, S. 15).

Modul 1: Robotik-Grundlagen
Industrieroboter sind heute in allen Größen und Preisklassen am Markt erhältlich. Damit haben Käufer/-innen allerdings zunächst nur eine elektro-mechanische Antriebs- und Transporteinheit erworben, welche für ein breites Anwendungsspektrum eingesetzt werden kann, deren bestimmte Anwendung aber nicht definiert ist. (Das herausragende

> **1. Einführung**
> Mathematische Grundlagen: Vektoren- und Matrizenrechnung; Koordinatensysteme und Transformationen
>
> **2. Manipulative Robotik**
> Einführung in Begriffe, Roboter-Kinematik, Bewegungsplanung, Anwendungsbereiche
>
> **3. Mobile Robotik**
> Einführung, ein mobiler Roboter, Roboter-Kinematik, Bewegungsplanung, Anwendungsbereiche
>
> **4. Exkurs: Regelungstechnik**
> Aufbau der Regelkreise, Reglerentwurf
>
> **5. „Low-Level" (Gelenk)-Regelung**
> Einführung: Aufgabenbeschreibung, Aktuatoren, Sensoren, Werkzeuge etc.; Regelung im Konfigurationsraum; Regelung im kartesischen Raum; Kraft-/Momenten-Regelung; Anwendung in der manipulativen und mobilen Robotik
>
> **6. „High-Level" (TCP)-Regelung**
> Einführung in Sensorik, Kamerasysteme und Computer Vision, Bild-basierte Roboterregelung; weitere sensorgeführte Systeme; Anwendung in der manipulativen und mobilen Robotik
>
> **7. Roboterprogrammierung**
> Einführung; Moderne Tendenzen in der Roboterprogrammierung
>
> **8. Robotersicherheit**
> Einführung in Begriffe; Sicherheitsanforderungen und Normen; Sicherheitssensorik und Maßnahmen; aktuelle Tendenzen in Robotersicherheitstechnik
>
> **9. Zusammenfassung**
> Zusammenfassung der Inhalte, Überleitung in Vertiefungsmodule; Abschlussprüfung

Abb. 9.2 Inhalte von Modul 1. (Quelle: Universität Bremen 2015)

Charakteristikum der Robotertechnik ist ja gerade die freie Programmierung und infolge dessen deren flexible Einsetzbarkeit.) Mit Endeffektoren (z. B. Greifwerkzeug), Sensorik, Visionssystem, Steuerung etc. wird diese motorische Grundeinheit für die jeweils vorgesehene betriebsspezifische Nutzung funktionell hergerichtet. Insofern ist Robotik als Systembaukasten zu begreifen, der den Einrichter/-innen verschiedenartige Möglichkeiten an die Hand gibt, betriebliche Lösungen zu gestalten. Sie zu überblicken und sinnvoll einzusetzen, ist Inhalt und Ziel des ersten Moduls (vgl. Abb. 9.2).

Modul 2: Industrielle Automatisierungstechnik
Industrieroboter sind die Dreh- und Angelpunkte von Stand-Alone-Lösungen bzw. Bestandteile komplexer Fertigungsketten. Der Einsatz für betriebliche Teilaufgaben muss dabei immer mit den vor- und nachgelagerten Prozessen synchronisiert werden. Damit die Leistungsmerkmale der Robotertechnik zum Tragen kommen, stehen bei der Integration in eine Fertigungslinie auch die angrenzenden Prozesse auf dem Prüfstand. Was planmäßig als sinnvolle Prozessverbesserung beginnt, erweitert sich zum Ausgangspunkt einer eigenständigen Prozessinnovation. Diese dynamische Potenz der Robotik zu erken-

> **1. Einführung**
> Hierarchie der Automatisierung (Automatisierungspyramide), Kommunikationstechnik (Datenbussysteme)
>
> **2. Steuerungstechnik**
> Steuerungsarten, Funktionen, Bauelemente; Speicherprogrammierbare Steuerung (SPS); CNC (Computerized Numerical Control), Antriebssteuerung (Motion Control)
>
> **3. Antriebstechnik I: Pneumatische und hydraulische Antriebe**
> Antriebssysteme, Pneumatische Aktoren, Hydraulische Aktoren
>
> **4. Antriebstechnik II: Elektrische Antriebe**
> Elektrische Aktoren, Reglerentwurf und Systeme, Gleichstrom-Maschinen, Drehstrom-Maschinen (synchron/ asynchron), Regelung elektrischer Antriebe, Servomotoren
>
> **5. Sensorik und Messtechnik**
> Begriffe und Festlegungen; Aufbau eines Sensors; Sensoren zur Erfassung von Positionen und Längen; Sensoren zur Erfassung von physikalischen Größen; Sensoren zur Erfassung elektrischer Größen
>
> **6. Zusammenfassung**
> Zusammenfassung der Inhalte, Überleitung in Vertiefungsmodule; Abschlussprüfung

Abb. 9.3 Inhalte von Modul 2. (Quelle: Universität Bremen 2015)

nen und konstruktiv in ein Automatisierungskonzept einzubinden, ist Ziel und Inhalt des zweiten Moduls (vgl. Abb. 9.3).

Modul 3: Einführungsstrategien & Wirtschaftlichkeitsanalysen
Keine Veränderung im Produktionsablauf bleibt ohne Wirkung auf die Beschäftigten. Bei Automatisierungsmaßnahmen ist es der ausgesprochene Zweck, Tätigkeiten, die bislang von Menschen ausgeführt wurden, künftig durch Maschinen verrichten zu lassen. Neben den entfallenden Arbeitsplätzen entstehen andere, neue, deren Anforderungen mit den alten Kompetenzprofilen nicht deckungsgleich sind. Eine partizipative Gestaltung und proaktive Kompetenzerweiterung der Mitarbeiter/-innen sind Schlüsselfaktoren, eine Automatisierung in den Betrieben erfolgreich und effizient umzusetzen, vgl. Molzow-Voit und Plönnigs (2015) in diesem Buch.

Die Preise für Roboter sinken real bei gleichbleibendem oder erweitertem Leistungsumfang, kurz: das Preis-Leistungsverhältnis verbessert sich beständig. Dagegen stehen die Kosten, um die preisgünstige Antriebseinheit zu einem funktionalen Robotik-System auszubauen. Diese Aufwendungen wachsen tendenziell und können den anfänglichen Kostenvorteil nicht nur wieder aufheben, sondern auch deutlich übersteigen. Die Frage, was die Technik kostet und welche Alternativen zur Wahl stehen, muss vor jeder Entscheidung über die Einführung wirtschaftlich kalkuliert werden. Modul 3 widmet sich daher der Anforderungsanalyse und Methodenvermittlung sowie der Projektplanung (vgl. Abb. 9.4).

> **Teil 1: Anforderungsanalyse und Methodenvermittlung (2x2 Tage)**
>
> Das Modul beinhaltet eine Anforderungsanalyse von Vorgehensweisen verschiedener Innovationsstrategien und Wirtschaftlichkeitsanalysen, sowie Anforderungen, die sich aus den Sichtweisen des Projektmanagements und der Organisationsentwicklung ergeben.
>
> Die Ergebnisse der Analyse dienen als Vorgabe, eine Vorgehensweise zu entwickeln, welche die Anforderungen der verschiedenen Bereiche integriert.
>
> Das Konzept beinhaltet ein universelles Vorgehen, Innovationsprozesse für die Einführung von Automatisierungstechnik (mit oder ohne Robotik) umzusetzen. Dabei werden die Nutzer des Systems in das Gestaltungsvorhaben der technischen Umsetzung und Organisationentwicklung einbezogen.
>
> **Teil 2: Projektplanung – Umsetzung der Ergebnisse aus der Systemanalyse (2x1,5 Tage)**
>
> Die Ergebnisse der Anwendung des Konzeptes aus Teil 1 werden mit der Umsetzung in eine konkrete Projektplanung und die Ableitung geeigneter Maßnahmen für die Integration der Automatisierung in den bestehenden Arbeitsprozess abgeschlossen.

Abb. 9.4 Inhalte von Modul 3. (Quelle: Universität Bremen 2015)

Modul 4: Praxis-Transfer-Projekt

In den drei Grundlagen-Modulen wird das Wissen vermittelt, welches benötigt wird, um eine Robotik-Lösung in eine Betriebsumgebung zu integrieren. In dem sich daran anschließenden vierten Modul haben die Teilnehmenden nunmehr die Aufgabe, ein (eigenes) betriebliches Automatisierungsprojekt zu konzipieren, strategisch zu planen und zu pilotieren. Der Workload des Abschlussprojekts beträgt 270 h (9 CP).

Grundlage des vierten Moduls ist eine detaillierte Analyse der betrieblichen Gegebenheiten, d. h. der Geschäfts- und Arbeitsprozesse in den jeweiligen Unternehmen. Darauf aufbauend sind die versteckten Potenziale methodisch zu identifizieren und hinsichtlich des Änderungsaufwands und des Nutzens eingehend zu prüfen und zu bewerten. Potenziale werden hierbei als unternehmerische Entwicklungsmöglichkeiten angesehen, die nicht aus Selbstzweck verwirklicht werden sollen. Vielmehr reagieren sie auf betriebliche Bedarfe und intendieren eine tiefgreifende Prozessgestaltung nach dem Motto: „First improve the process – then develop or adapt the technology". Die Technik wird dabei als Mittel verstanden, einen veränderten Prozess gangbar zu machen, da ihr Einsatz allein die angestrebte Prozessverbesserung keineswegs hinreichend garantiert. Damit eine erfolgreiche Implementierung von Robotiklösungen in die Betriebe gelingen kann, muss folglich davor gewarnt werden, Automatisierung zur vermeintlichen Lösung von Problemen einzusetzen, die vorher gar nicht bestanden.

9.4 Fazit

Im Laufe des Projekts ist ein Weiterbildungsprogramm entstanden, das sich erkennbar von der Ausbildung in den ingenieurwissenschaftlichen Studiengängen der Universität Bremen absetzt, als es ihm nicht darum geht, die fachlichen Kenntnisse zu vermitteln, um neue Robotik-Anwendungen zu entwickeln. Den Betrieben sowie deren Mitarbeiter/-

innen wird ein brauchbares Hilfswerkzeug zur Verfügung gestellt, das die verschiedenen Facetten der Problematik des Robotikeinsatzes in KMU aufgreift und in eine systematische und umfassend angelegte Gestaltungskompetenz überführt.

Für die drei Grundlagenmodule zeichnen Professoren der Universität Bremen aus den Fachbereichen Physik/Elektrotechnik sowie Produktionstechnik – Maschinenbau & Verfahrenstechnik verantwortlich. Damit ist sichergestellt, dass die Module wissenschaftlichem Niveau entsprechen und den Stand der Forschung reflektieren. Die Frage, ob die projektierte Brücke zwischen Wissenschaft und Wirtschaft das trägt, was – um im Bilde zu bleiben – über sie transportiert werden und bei den Betriebsangehörigen ankommen soll, d. h.: Gestaltungskompetenz im Umgang mit Robotik und der Erarbeitung passender Automatisierungslösungen zu entwickeln, kann derweil nicht beantwortet werden, da die Bewährung als berufsbegleitende Weiterbildung in der Praxis gerade erst begonnen hat.

Literatur

DFKI: DFKI präsentiert sich am 16.09.2008 auf dem Parlamentarischen Abend in der Landesvertretung der Freien Hansestadt Bremen in Berlin – „Perspektiven des Robotikstandortes Bremen". Pressemitteilung vom 10.09.2008. http://www.dfki.de/web/presse/pressemitteilungen_intern/2008/dfki-prasentiert-sich-am-16-09-2008-auf-dem-parlamentarischen-abend-in-der-landesvertretung-der-freien-hansestadt-bremen-in-berlin/ (2008). Zugegriffen: 26. Feb. 2015

Freie Hansestadt Bremen: Der Senator für Wirtschaft und Häfen (Hrsg.): Innovationsprogramm 2020. Strukturkonzept Land Bremen 2015 vom 24. August 2010. http://www.bremen.de/fastmedia/36/2010-10-26%20Innovationsprogramm2020_FINAL.pdf (2010). Zugegriffen: 26. Feb. 2015

Freie Hansestadt Bremen: Der Senator für Arbeit, Wirtschaft und Häfen (Hrsg.): Deputation beschließt arbeitsmarktpolitische Projekte. Pressemitteilung vom 27.06 2012. http://senatspressestelle.bremen.de/sixcms/detail.php?gsid=bremen146.c.52931.de (2012). Zugegriffen: 26. Feb. 2015

Freie Hansestadt Bremen: Der Senator für Wirtschaft und Häfen (Hrsg.): Strukturkonzept Land Bremen 2015. http://www.wirtschaft.bremen.de/sixcms/media.php/13/Strukturkonzept-Bremen_2015.pdf (o. J.). Zugegriffen: 26. Feb. 2015

Handelskammer Bremen: (Hrsg.): Perspektive Bremen 2020. Leitlinien für eine positive wirtschaftliche Entwicklung Bremens. (2008)

Kayser, R.: Gesamtkonzept einer landesweiten Weiterbildungsinitiative Robotik. Vorlage Nr. 18/154-L für die Sitzung der staatlichen Deputation für Wirtschaft, Arbeit und Häfen am 27. Juni 2012. http://www.bba-bremen.de/documents/18_154_L-Vorlage_BAP_Robotik_Gesamt.pdf (2012). Zugegriffen: 26. Feb. 2015

Kayser, R.: Robotik – Qualifizierungsinitiative des Landes Bremen. Beschlossene Fassung der Vorlage für die Sondersitzung der staatlichen Deputation für Arbeit und Gesundheit am 5. Mai 2011. https://www.bba-bremen.de/documents/Deputationsvorlage_Robotik_05-05-11.pdf (2011). Zugegriffen: 26. Feb. 2015

Kölling, A.: Robotik und Automatisierung im Mittelstand. Ergebnisse und Angebote der weiterbildungsinitiative Robotik. Kölling Medien-Service, Bremen (2014)

Prassler, E., Schraft, R.D.: DESIRE. Schlüsseltechnologien für Serviceroboter. Forschungsprogramm „Leitinnovation Servicerobotik", Statustagung 16.-17. November 2006, Berlin. http://www.service-robotik-initiative.de/download/oeffentlichkeitsarbeit/DESIRE_Statustage_2006-11-16.pdf (2006). Zugegriffen: 26. Feb. 2015

Universität Bremen: Modulhandbuch des Weiterbildenden Studiums mit Zertifikatsabschluss „Robotik und Automation". Stand: 2. Februar 2015. http://www.uni-bremen.de/fileadmin/user_upload/weiterbildung/beruf_dokumente/beruf_modulhandbuecher/ModRob_Modul-Handbuch_v1b.pdf (2015). Zugegriffen: 09. März 2015

Jürgen Eritt ist wissenschaftlicher Mitarbeiter der Akademie für Weiterbildung (AfW) der Universität Bremen in der Abteilung „Planung & Entwicklung" und Koordinator des Transfer-Projekts „Modulare Weiterbildung zur Gestaltung von Innovationsprozessen in Robotik und Fabrikautomation (ModRob)". Zuvor leitete er das Projekt „Kompetenz- und Wissensmanagement in mittelständischen Unternehmen der regionalen Metall- und Elektroindustrie – Strategische Ansätze, praktikable Instrumente und betriebliche Durchführungsformen für das lebenslange Lernen (KoWiM)" im Bundesprogramm zur Förderung der beruflichen Weiterbildung von Beschäftigten „weiter bilden" (Sozialpartnerrichtlinie).

Sachverzeichnis

A

Advanced Robotics, 14
Aktionsprogramm, beschäftigungspolitisches, 126
Arbeitsorganisation, 14
Arbeitsprozess, 48
Arbeitsprozessanalyse, 48, 100
Arbeits- und Geschäftsprozess, 44
Assistenzsysteme, 10
Aufgaben, intralogistische, 32
Aufgabenstellung, einfache, 24
Ausführung, manuelle, 35
Automatisierungslösung, 15
Automobilproduktion, 24

B

Berufsausbildung, abgeschlossene, 28
Beschäftigungszahl, 27
Bildverarbeitung, industrielle, 14
Bildverarbeitungsalgorithmen, 24

D

Depalettierung, 32
Dienstleistungsbereich, personenbezogener, 16

E

Entscheidungsträger 47
Erhebung, berufswissenschaftliche, 47
Expertenbefragung, 37

F

Fachrichtung, gewerblich-technische, 16
Fähigkeiten, intelligente, 12
Fallstudien, 48
Forschungsinstrument, berufswissenschaftliches, 49
Forschungsmethoden, berufswissenschaftliche, 44

G

Globalisierung, 28

H

Handhabungstätigkeit, 32
Handlungsfähigkeit, berufliche, 100
Humanisierung von Arbeit, 12

I

Industrie 4.0, 14
Industrieroboter, 13, 24, 26
Industrierobotik, 104
Integrated Assembly Solutions, 14
Internet der Dinge, 14, 44
Intralogistik, 26

K

Kernarbeitsprozess, 54, 97, 100
Know-how-Transfer, 126
Kognition, situierte, 99

Kommissionierung, 32
Kompetenzentwicklung, 16

L
Lagerungstätigkeit, 32
Lern- und Lehraufgabe, 99
Logistikdienstleister, 31, 114
Logistikkontrakt, 31
Logistiksektor, 13
Logistiktechniker, 115, 117
Logistik, technische, 115
Lösung
  teilautomatisierte, 35
  vollautomatische, 35

M
Materialflussoptimierung, 45
Mensch-Maschine-Interaktion, 14
Modultitel, 81

O
Organisationsstruktur, 47

P
Palettierung, 32
Position, technikdeterministische, 12
Prozessoptimierung, 45

Q
Qualifikationsanforderung, 45, 47
Qualifizierung der Fachkräfte, 16
Qualifizierung, prozesssystematische, 119
Qualifizierungsangebot, modulares, 47
Qualifizierungsdienstleister, 121

R
Roboter, 12
  Einsatzfelder, 24
Robotik, 13
  Anwendungsfelder, 53
  Logistik, 38
  modulare, 33

Robotiklösung, Anwender/-innen, 47
Robotik- und Automationsbranche, 13

S
Sensortechnologie, 24
Serviceroboter, 10
SPS-Programmierung, 81
Struktur, mechanische, 26
Stückgüter, definierte
  Sortierung, 32
  Verpackung, 32
Subsystem, 36
Szenarien, 38

T
Technologietransfer, 127
Transporttätigkeit, 32

U
Umschlaglogistik, 32
Untersuchungen, berufswissenschaftliche, 44

V
Value Added Services, 34
Verpackungstätigkeit, 32

W
Weiterbildung
  mit arbeitsprozessorientiertem Ansatz, 107
  modulare, 129
Weiterbildungsangebot,
  zielgruppenspezifisches, 46
Weiterbildungsinitiative Robotik, 128
Weiterbildungsmodul, 80
Weiterbildungsprogramm, branchenbezogenes,
  126

Z
Zielgruppe, 81

The manufacturer's authorised representative in the EU is Springer Nature Customer Service Centre GmbH, Europaplatz 3, 69115 Heidelberg, Germany. If you have any concerns regarding our products, please contact ProductSafety@springernature.com

Printed and bound by CPI Group (UK) Ltd, Croydon, CR0 4YY

23/03/2026

02076457-0019